サラリーマンなら誰でもできる
不労所得入門

サラリーマンは“もっともっと”寝ながらお金を増やしなさい!!

脱サラ自由人
加藤 鷹幸
Kato Takayuki

社会人って夢の国を超える世界が
広がっていると思っていました
スゲー！
社会人ってスゲー！
学生時代の鷹幸
大学の先輩が言うには、社会人生活は
毎日がパーリーナイツという話です！
BBQパーリー
お花見
パーリー
コンパ
たくさんの彼女

俺のドリームの舞台はこの会社だ!
この会社に決めたぜ!
コンパ
たくさんの彼女
美人妻
うひひ…♡
上司
娘
妻
グズ!
×
こいつアホだ!

しかし
こんなはずじゃなかった…
あれっ!?

現実を思い知らされるのです
会社と家庭の現実を知れー!!

夢どころか
想像を超える
悪夢しかない
社会人生活です
マイホーム資金
残業
妻のガミガミ
教育費
上司のイジメ
娘のワガママ
お小遣い制
疲労
介護
老後の不安
は　はなしが違う…

このままでは会社と家庭の奴隷だと悟り、
本気で活動を開始するのでした
いや
オレは変わるんだ!!
ウオオオオー!
ウーバー
FX
転売
アフィリエイト
ところが志半ばで
仕事や家庭の事情で
断念せざるを得ない
状況に…
ぜんぜん
うまく
行かね～
コラ!
仕事しろ!
コラ!
家事やれ!!

そこに救世主（メシア）が現れたのです！
鷹幸くん 久しぶりだね！
同じサラリーマン なのになぜ！？
彼は高校時代 特に目立った生徒では ありませんでした

でも僕は迷うことなく
彼のもとで学ぶことを決めたのです！
弟子入り
させてください！！
鷹幸くんに教えるけど
条件がある

仕組みを知った僕のもとには
どんどんお金がやってきました
これに乗れば勝手に
お金が増えてくぜ
ヒャホー！！！
そして3年の
月日が過ぎ…

公私ともに大活躍！
ゴルフでシングル
社会人サイコー！
切れ者として大評判
モテモテ！
家族から尊敬！
さすがだね！
スゴイ男だ！！！

サラリーマンは
お金を増やせば
楽しくなる!!
ヒャッホー！
次はあなたの
番ですよ!!

はじめに

あなたは現在の生活において、不満や不安はないですか？
どんな些細《ささい》なことでも構いません。

・仕事がつらい
・上司が嫌いだ
・部下が生意気だ
・妻が優しくない
・彼女が欲しい
・旅行に行く時間が欲しい
・発泡酒ではなく、ビールが飲みたい
・コンビニのコーヒーではなく、スタバのコーヒーが飲みたい

・ラーメンのトッピングを「全部のせ」にしたい
・老後資金不足分の2000万円は、貯められるのか？
・年金は、本当にもらえるのか？
・子供の教育資金、どうしよう？
・親の介護費用は、足りるのだろうか？
・住宅ローンを払い続けられるだろうか？
・リストラが怖い
・退職金は、受け取れるのだろうか？

不満や不安が1つでもあるという方は、本書が必ずあなたのお役に立てるはずです。

申し遅れました。加藤鷹幸《かとうたかゆき》です。

元々サラリーマンをしながら、お金をほぼ自動的に生み出す装置＝（不労所得）を手に入れて、現在は、このお金を生み出す方法を広めるべく、精力的に活動しています。

私が教えた人は、みなさん「お金の不安がなくなった」「今が充実してきた」と言っていただけます。この言葉を聞くたびに、教えて本当に良かったと思います。

話が逸《そ》れました（笑）。

本書のテーマは、「お金を増やす」ことです。

お金を増やすことで、あなたの不満や不安を取り除くことを目的として書きました。

結論から言うと、前述の不満や不安は、お金があれば解決してくれます。

しかしながら、本書は、よく書店に溢《あふ》れているお金の本のような、

● **気持ちで世界は変わる**

⬇精神論ばかり言って、肝心《かんじん》のノウハウなし

● **行動量が大切だから、動きまくれ**

⬇そんなに動ける人は、滅多《めった》にいないでしょう（笑）

●ノウハウは書いてあるけど、ハードル高すぎ
⬇そのノウハウを身につける前に、寿命終わるわ！
●著者がラッキーだから、うまくいった
⬇それ再現性ないですよね……


と言った、よくある読んで終わりの本ではありません。

私が学んできたノウハウやマインドを伝授することを目的としています。

本書を読んだ誰もが必ず、自分に合ったお金を増やす方法を手にすることができます。

しかも、お金をほぼ自動的に生み出す装置が手に入るのです。

今は「円安や物価高の割には、給与が上がらない問題」や「年金2000万円不足問題」、「年金の支給年齢引き上げ問題」、「増え続ける社会保障費」など、様々な問題があり、明るい未来や老後とは言えません。特に、最近の電気代やガス料金などの公共料金、過去最高に迫るガソリン代や食料品の値上げラッシュは、私たちの家計に直接ダメージを与えて

います。

それならば「給与を上げてくれ！」と思うのですが、世界的に先進国の中でも成長が鈍い日本では給与は上がらないまま、税金だけ増えるありさまです。

そこで政府は貯金よりも投資へと様々な施策《しさく》を打ち出していますが、ＮＩＳＡ《ニーサ》枠が増えることは、年金がこの先、深刻な事態になることを意味しているからだと受け取れます。

政府が私たちの老後を保証することを諦《あきら》めたのです。

今後は、公的年金だけでは安心な老後生活は保証されず、自助努力《じじょどりょく》でお金を作るしか、生き残る道はありません。しかも、ＮＩＳＡは株式・投資信託なので、お金が減ることも考えられます。

これでは、来る日も来る日も身を粉にして働いてもお金を取られるばかりで、私たちが潤《うるお》うことは決してありません。常にお金による、不満や不安がついてきます。

日本経済新聞が数年前に掲載した「老後の不安、健康よりもお金」という記事があります。

『人生100年時代のシニアの健康をテーマに、40代から70代の男女6184人にインターネットで聞いた。老後に不安があるか尋ねると、あると答えた人は全体の86%に上った。何が不安か複数回答で聞くと、1位は「お金」(52%)で、2位「認知症」(45%)、3位「自分自身の介護」(40%)、4位「寝たきり」など健康に関する項目を上回った。』

この結果を見るに、現代において、健康不安は当然ですが、お金の不安でいっぱいです。長生きはできても、老後破綻《はたん》する未来は誰もが嫌なはずです。お金が確保できてこそ、はじめて本来一番重要である、健康に対してやっと前向きに取り組むことができます。

また、老後だけではなく、仕事や家庭におけるほとんどの不満や不安は、お金があれば解決してくれます。しかし、このお金は、宝くじのように一時だけ手に入るものでは意味がありません。あれば人間、使ってしまいますからね。

宝くじ1等当選者の80%の人が、借金漬けの不幸な生活を送っており、当選金が周囲の人に知られて金を無心されたり、桁外《けたはず》れの遊興費や投資詐欺《さぎ》で金を失い、破産したり、当選の3年後には、借金地獄の泥沼《どろぬま》が待っていると統計データでは示されています。

当選者にだけ、『「その日」から読む本』という冊子が手渡されるのも頷《うなず》けます。せっかく渡されても舞い上がってしまい、歯止めにはなっていないようです。

これでは、せっかく大金を手にしても意味がありません。

私が実践している方法は、数億円という大金を一瞬で掴《つか》む方法ではありません。しかし、何十年という長期に渡って年間1000万円以上を自動的に生み出し続ける方法です。

才能や努力は必要ありません。何も難しくはありません。一歩踏み出すか踏み出さないかだけです。

あなたが現在、不満や不安があるのだとしたら、一度、騙《だま》されたと思って本書を読んでみてください。さぁ、我慢《がまん》のない人生のスタートです！

ラブ＆ピース。

あなたの人生が愛で溢れて、幸福であり続けますように。

加藤鷹幸

登場人物

私（鷹幸）……人とはちょっと違うと思い込んでいるサラリーマン

雅子（鷹幸の妻）……結婚前は優しかったが、子供が生まれてからは鬼嫁《おによめ》

春子（鷹幸の長女）……雅子と一緒に鷹幸を軽蔑《けいべつ》している

大神（師匠）……自動的にお金を生み出している自由人。鷹幸の高校の同級生

秋本（会社の上司）……鷹幸に衝撃を与えた会社の上司

厚子（会社の後輩）……パッと見、今どきの女子社員

安倍……鷹幸の大学時代の先輩。自称、パーリーゲイツ

プライバシーの関係で、私以外の名前は少し変えています。ちなみに、妻の本名は雅代です。

目次

サラリーマンは寝ながら〝もっともっと〟お金を増やしなさい!!

巻頭マンガ……2
はじめに……12
登場人物……20

第1章 サラリーマンが動けないのは、当たり前だ! ――29

サラリーマン人生は修行僧だ! 話と違うぞ!……30
仕事だけではなく、私生活も詰んでいく……40
修行しまくっていたら、悟りを開いた2014年……50

大神師匠の解説
人が行動できないことには理由がある!……55

選択肢を減らす……60
選択の機会をなくす……64
● 第1章のまとめ……66

第2章 副業は意外と大変だ!!
67
動くと決心したが、できれば動きたくない……68
後輩女子社員を巡って起きた衝撃的な事件……70
お金のために頑張っても結果が出ない……75
大神師匠の解説
副業って実際どうなのよ?……81
● 第2章のまとめ……88

第3章 自己肯定感UP！で最高の自分へ――89

師となる高校の同級生との出会い……90
弟子入り決定……93
分析を制するものがお金を制す……98
嫌なことを整理すると答えが見えてきた……110
非現実を味わってみる……122

大神師匠の解説
自分は最高だと思う！……133

●第3章のまとめ……140

第4章 自動化の夜明け……141

信じる力……142

師匠の懐事情を聞く……152

大神師匠の解説 攻略本を手に入れろ!……157

●第4章のまとめ……164

第5章 自動化絶好調!! ──── 165

動く歩道はどんどん進むよ！　どこまでも……166
ボーナスがもう1回やってくる！……176
さぁ自動化の夜明け……179

大神師匠の解説

自動化できる投資法　ワンルームマンション投資とは？……183
1棟アパート投資とは？……193
株式投資と投資信託とは？……199

●第5章のまとめ……204

第6章 さらなる高みへ

205
お金で人生は激変する……206
厚子と再接近!……211
その後の話……216
さらに、その後の話(2023年現在の鷹幸)……222

大神師匠の解説
お金に好かれる人が心がけていること……225

●第6章のまとめ……232

巻末資料
鷹幸の『動く歩道』公開!……233
鷹幸から教えをもらって『動く歩道』を手に入れた仲間の紹介……236
おわりに……252
本書ご購入者限定特典……255

● 注意

(1) 本書は著者が独自に調査した結果を出版したものです。
(2) 本書は内容について万全を期して作成いたしましたが、万一、ご不審な点や誤り、記載漏れなどお気付きの点がありましたら、出版元まで書面にてご連絡ください。
(3) 本書の内容に関して運用した結果の影響については、上記 (2) 項にかかわらず責任を負いかねます。あらかじめご了承ください。
(4) 本書の全部または一部について、出版元から文書による承諾を得ずに複製することは禁じられています。
(5) 本書に記載されているホームページのアドレスなどは、予告なく変更されることがあります。
(6) 商標
本書に記載されている会社名、商品名などは一般に各社の商標または登録商標です。なお、本文中には™、®を明記しておりません。

第1章

サラリーマンが動けないのは、当たり前だ！

サラリーマン人生は修行僧だ！　話と違うぞ！

毎月1日は、銀行に行ってお金を引き出すのが日課でした。
親からの仕送り10万円と5万円の奨学金が入ってきていた大学時代、私は大人《おとな》しい女子が多いと、風の噂《うわさ》で聞いて入会したバドミントンサークルの仲間と毎日のように遊んだり、飲んだり楽しんでいました。

何も考えることもなく、お金は銀行口座に勝手に入ってきて、自由に使って暮らしていたのです。

少し足りなければ、クレジットカードのキャッシングを利用して、もう少し足りなければ、学生ローンを利用して、返せそうになければ実家の親にシレっとクレジットカードの督促状《とくそくじょう》を送りつけて、返してもらったりしていました。
どうしてもと言うときだけ、アルバイトをしました。

常勤のアルバイトだと、自分の時間が制限されてしまうので、日雇《ひやと》いをメインにしました。まぁ、そもそも人に使われたくない性格なので、できる限り、アルバイトはしないように生活していました。

社会人になれば、今の生活よりもっと自由で楽しい人生が待っていると本気で思っていた学生時代でした。本当に、どこにでもいる普通の学生時代を私は過ごしていました。

大学4年になって、就職活動が始まりました。私は割と中堅規模の大学なので、大学のOBの先輩と会う機会が何度かあったんです。

何人ものOBと会ったのですが、どのOBもパッとせず、私の心を動かすことはありませんでした。

そんなとき、バドミントンサークルに一時在籍していた、先輩の安倍《あべ》さんと話す機会がありました。

安倍さんは見た目が大学時代と変わり、ちょっとチャラそうな雰囲気を醸《かも》し出しています。確か、学生時代はピアスの穴はなかったはずですが、ピアスの穴が空いていたり、手には、パワーストーンショップで買ったと思われる数珠《じゅず》が見え隠れしました。

「安倍先輩は、仕事が楽しいですか？」

と私が質問をすると、安倍さんは「待っていました！」とばかりに、仕事のやりがいなどを話し始めました。

「仕事は充実していて毎日が楽しいよ！　お客様から感謝されたときなんて、なおさらだよね……」（以下、いつものパターンのなので省略）

あ〜、いつものパターンが来たな。長いだけで、身のない話だとガッカリです。おそらく、リクルーター用のお決まりの必殺トークがあるのでしょう。

しかし、安倍さんが違ったのは、このお決まりトークの後でした。

「まぁ仕事も楽しぃんだけども、仕事終わりのアフター5が超絶楽しぃんだわ！　これが！」

と目を血走らせながら、話し始めました。

「毎日が、社内の女の子が参加する飲み会やコンパでパーリーナイツだよ！　俺なんか毎日がパーリーだから、周りには『パーリーゲイツ安倍ちゃん』なんて言われちゃってるんだよね！　イヤホイ！」

「俺がオーガナイズして、BBQ《バーベーキュー》パーリーやお花見パーリーを主催してるんだよ！　毎回、200名くらいは参加してるね」

「女の子なんか、うちの会社の名前を出すだけで、寄ってきちゃうから！」

「うちの会社は、出張も多いからね！　各出張先ごとにイイ感じの子ができちゃうわけよ！」

「社内も女子比率が比較的に多いから、社内不倫《ふりん》とかも多いよね」

単純にすごい！　この会社で働きたいと強く思ったんです。

入社後に安倍ちゃんは、単にお金を払ってパーリーに参加しただけの人だったとわかるのですが、そのときは前日に大学の男友達と二人で朝までアイドル話を肴《さかな》に飲んでいたので、頭が回っていなかったのです。

見抜けなかったのは不覚でした。前日に少しお酒を控えるべきでしたね。

いま思えば、安倍ちゃんは、後輩にカッコつけて言っていただけだと思います。証拠《しょうこ》の写真などを見せてもらえばよかったです。『後悔《こうかい》、先に立たず』ですね。

しかし、その当時の私は、本気で大学を卒業すると、そんな夢の国のような社会人生活が自分に待っていると思っていました。

- 鷹幸さんカッコいい！
- 鷹幸さんに彼女がいても、私と遊んでほしい！
- 私、もしかして……鷹幸さんのことが好きかも！

と、女の子がワンサワンサと寄ってくると本気で思っていました。

お金がない学生時代より、サラリーマンになるだけで勝手にもっともっともっとモテると思っていたのです。

そのとき、鷹幸の中に潜む『鷹』は爪を磨いて、入社を待ちわびていました。

そんな大いなる期待を込めまくって、パーリーゲイツ安倍ちゃんがいる電子部品のメーカーに就職しました。

学生時代は関東でしたが、配属先は中国地方のある都市でした。そちらの地域の人が不愉快な思いをしないように、具体的な名称は伏せさせていただきます。悪しからず。

それなりの都会っ子だった私（人口20万人ほどの市が出身地です）は、配属先の田舎《いなか》っぷりに驚愕《きょうがく》しました。

- 夜10時には、商店街の店は閉まる
- 夜の街には、蝶《ちょう》ではなく、蛾《が》しかいない
- 若者、少なすぎ

営業所に、若手は自分一人でした。バブル入社の先輩が多く、一回り以上も年齢が離れているので、話もいまいち通じません。

飲み会は、上司の愚痴《ぐち》に付き合うか、説教をひたすらされるのみです。平均3時間にも

及ぶ説教、そして上司の過去の武勇伝《ぶゆうでん》を聞かされます。

飲みの後には、スナックで蝶ではなく、蛾を相手にしないといけません。カラオケでは上司のわかる歌を歌わないといけません。三代目Ｊ◯ｏｕｌＢｒｏｔｈｅｒｓなんて歌ったら、即刻『安全◯帯』に変えられます。

おかげさまで、次に上司が何を言うのかがわかるくらい、内容をスラスラ話せるようになりました。厳しい修行に耐えて、お経を暗記で唱えるようになる修行僧《しゅぎょうそう》と何ら変わりない状態です。

私は、会社に就職したのか、禅寺《ぜんでら》に修行に来たのか錯覚するような日々でした。

上司の顔色を見ながら仕事をし、理不尽《りふじん》に怒られる日々は、過酷《かこく》な修行としか思えませんでした。

厄介《やっかい》なのが、土日も上司に呼び出されることです。奴らは、単身赴任《たんしんふにん》のケースが多く、土日が暇《ひま》なのです。

また奴らは、家族に嫌われているので、話し相手が私しかいません。

上司が自宅にまで押しかけて、勝手に私のお酒を飲んだり、買い物に付き合わされて荷

物持ちをさせられたりと、絶対、ベジータがトランクスと一緒に精神と時の部屋で修行したときよりも辛《つら》かったと思います。

こんな状態の生活です。若い男女のリア充な飲み会もあるわけなく、コンパもまったくありませんでした。

女人禁制《にょにんきんせい》の修業僧じゃないのに、現実は厳しかったですね。

ちなみに『パーリーゲイツ安倍ちゃん』は、私が就職する少し前に転職済みでした。

完全に、

「話が違うぞ！　ゴラァ！」

って感じでした。私は安倍ちゃんに騙《だま》されたのです。

今思い返すと、安倍ちゃんは、学生時代もバドミントンサークルで後輩の女の子に声を掛けては断られ、また別の子に声を掛けて引き気味にされるとバツが悪くなりサークルから消えた男でした。

人の性格は、なかなか変わらないものですね。

その後、何度か上司は変わりましたが、状況は好転することはありませんでした。我慢《がまん》するしかなかったのです。

仕事だけではなく、私生活も詰んでいく

その後、会社の同期から紹介されて付き合っていた彼女と結婚しました。25歳の冬でした。正直、結婚する気はなかったのですが、相手から迫られて仕方なく結婚したのです。

安倍ちゃんから聞いていたような生活は、3年間まったくありませんでした。

社内に女性はいましたが、地方営業所は、50代以上の大ベテラン陣です。社内での恋愛は諦《あきら》めました。

確かに本社に行けば、若い女性も多いので不倫もあるんでしょうが、営業部隊の私が本社に行くことはほとんど皆無《かいむ》です。安倍ちゃんも営業だったので、社内の女の子とウハウハでチョメチョメできるなんて、絶対に嘘《うそ》を言っていましたね。

こんな状態です。もちろん社外での出会いなんて、期待できるわけがありません。

基本的にコンパは行かない主義ですが、たまに後輩にどうしても来てほしいということ

で行ったりしました。しかしながら、好みの女性はなかなかいません。年上の人が多く、失礼ながら中には「動物園か！　ここは！」と思ったコンパもありました。

そんなときに、同期の女性から「友だちが彼氏を探しているから、会わない？」と誘われたのです。

彼女が言うには、

「とってもいい子だよ！　二人で遊んだことはないけど、高校からの同級生なんだ」

「顔は乃木坂46の白石○衣ちゃんと大久保佳○子さんを足して2で割る感じかな？」

とのことでした。

おい、ちょっと待て！　この『とってもいい子』というフレーズは、大概《たいがい》の場合、『可《か》愛《わい》くない』ケースが多いのです。

同期の彼女も大概なのに、その彼女が言うのかよ！という状態です。しかも、二人で遊んだことないとか、友人レベルでもないだろ！と思っていました。

さらに、顔をイメージできないぞ！　可愛いところがどこか少しでもあればと思いましたが、どうも心惹《ひ》かれる顔ではなさそうです。

しかし、この後に、私の心が少なからずざわつくワードが現れます。


「しかも彼女、Ｆカップなんよ！」

「えっ！　エフってあの……」


私は不意ということもあって、思わずつぶやいてしまったのです。

このとき私の頭の中には『きらきら星』のメロディと共に、『ＡＢＣの歌』が流れてきました。しかも何度も流れます。

男性にとって、Ｆカップの魔力は恐ろしいですね。私のような、ある程度は理性がある人間でも、引っ掛かってしまうわけです。Ｆカップという言葉に惑《まど》わされないようにしてください。

Ｆカップはあくまでもカップであって、それ以上でもそれ以下でもありません。ただの言葉です。

その後、妻となる雅子《まさこ》との出会いは、このような経緯でした。

付き合って3ヵ月ほどで、雅子のほうから結婚の話がチラホラ出てきました。かわそうと努力はしたのですが、彼女の熱意に負けて、交際半年で結婚することになりました。

同期や先輩に聞いても、そんな感じで結婚する人が多かったので、自然の流れには逆らえないと言った感じではありません。ちょうど、子供に恵まれたのも大きな理由です。

その頃には、学生時代に考えていた、毎日が楽しく、多くの女性にモテモテの人生像は消えかかっていました。消えかかっていたという表現を使ったのは、完全には消えてはいないということです。

ネットのニュースやフェイスブックを見ていると、ZOZOTOWNの前◯さんがマザーズに上場し、与◯翼さんなどがネオヒルズ族と呼ばれたり、自分もチャンスさえあれば一発逆転もあるんだろうなと思っていたからです。彼らと自分との違いは、チャンスに恵まれているかいないかだけだと思ってました。

そんな思いはつゆ知らず、子供が生まれると、それまで多少なりにも自分に優しかった雅子が豹変《ひょうへん》しました。明らかに、雅子の性格が悪くなったのです。

出産前は、一緒に映画を見たり、食事に行ったり、と彼女のことはタイプではありませんでしたが、それなりの仲睦《むつ》まじい夫婦生活だったのに……。

子供が生まれてからというもの、彼女の性格がどんどん悪くなり、手がつけられなくなりました。

「なんで靴下を床に置くの？　頭おかしくない？」

「家の中を裸足で歩くと、あなたの足の油が床につくんですが？　誰がお掃除《そうじ》するんでしょうかね？」

「ちょっと、玄関から下水のような異臭がするんだけど？　もしかして、その黒い靴じゃないの？」

今まで怒られなかった、使用済みの靴下を床に置くこともNG、なのに家の中を裸足で歩くのはNG、ビジネスシューズは「臭うから」とベランダに置かれるという、恐ろしい変貌ぶりでした。
土日も家族の予定優先となり、仕事で我慢我慢の修行をして疲れているのに、休むことは許されませんでした。

「いつまで寝てるんだよ！　このグズ！」
「イオンの駐車場、混むから8時に出るからね！　グズは朝食なしね！」

独身時代、土日は、お昼すぎまで寝ることが楽しみだったのに、朝7時には起こされます。その後に、大型のショッピングセンターに連れて行かれます。

ショッピングセンターに行くと、同じような境遇《きょうぐう》の男性に多く会います。大概、ショッピングセンターのベンチで休んでいるか、書店で立ち読みしています。
私と同じで、会社でも家庭でも修行しているんでしょうね。

「お互い、大変ですね……」

と私が話しかけると、ほとんどのお父さんは疲れが限界なのか、

「はぁ、そうです……」

で会話が止まります。話す気力すらないんですね。

家庭を持ったら、これが普通だと思う人も多いとは思いますが、こんな人生詰《つ》んだような廃人《はいじん》になる人生が私にも待っているとは……。

ただでさえ仕事で修行僧なのに、家庭でも我慢の日々は、辛いものがありました。

人生を将棋《しょうぎ》で例えるなら、どんどん詰んでいくのです。しかも将棋と違うのは、終わりがすぐに来ることはなく、死ぬまで何十年と追いやられます。

子供が大きくなるにつれて、かさむ教育費、マイホームをせがむ妻、両親の介護、老後の不安と、死ぬまで雪だるま式に課題は増えていきます。悟りを開きたいわけではないんですよ（涙）。

ああ、学生時代に戻りたい！

「これも全部、安倍のせいだ……」

ショッピングセンターの外のベンチに座って、安倍のピアスの穴を思い出しながら、私はつぶやきました。

鷹幸の中の『鷹』は、翼をもがれてしまいました。

修行しまくっていたら、悟りを開いた2014年

会社では、自分ばかりサボって、すぐ他人の責任にする無能な上司たち。

何年間も産後クライシスが続く妻、雅子。

妻同様に、私のことを軽蔑《けいべつ》する娘の春子《はるこ》。


2014年、私の心と体は、限界点を越えようとしていました。

春子が幼稚園に通っていることもあって、転勤を嫌がる雅子。結婚前は、転勤してもついていくと言っていましたが、それははるか遠い過去のことです。

「転勤になったら単身赴任ね！　交通費がもったいないから、帰ってくるのは月1くらい！　決定ね！」

転勤したら、一人で行くように命令されました。

転勤をしたら二重の生活費がかさみます。お小遣《こづか》いは減らされ、せっかく転勤して一人暮らしなので自由な時間が取れるはずなのに、お金がまったくないため、遊ぶことはできません。

遊べないのであれば、今のお小遣いをやりくりすれば、数ヶ月に一度は遊べる今の生活のほうがいいに決まっています。

飛ばされないように、本当は無視したいくらい無能な上司の言うことに我慢をして従いました。そうまでしないと、いつ転勤の辞令が発せられるかわかりません。

日々、ビクビクと怯《おび》える日々でした。

人に強制的に使われることなく、それなりに自由に仕事をすれば、自分の能力を発揮できるとは思うのですが、会社の中では自分の良さは何一つ発揮されることはありませんでした。

その当時は、家族のため、生活のため、自分を偽《いつわ》ってまで仕事に取り組むしかありませんでした。「上司が間違っている」と思っても意見することなく、言われるがまま、命令されるがままでした。

「考えるのをやめたら、楽になるな……」

会社の喫茶コーナーで週刊ＳＰ◯！を読みながら、決めました。

戦争に招集《しょうしゅう》されて、無理やり戦場に駆り出されていた若者もこのような気持ちだったのでしょう。今の世の中は戦場ではありませんが、心理的にはまったく同じなのではないでしょうか。

会社は、軍隊です。強制召集の兵隊も、家族という人質を取られたサラリーマンも自由はありません。いつの時代も同じですね。

考えるのをやめて、日常生活を送っていた２０１４年の私の誕生日、会社ではもちろんですが、家族の誰からも祝福《しゅくふく》されることはありませんでした。

雅子や春子からサプライズプレゼントでもあるのかなと期待しつつ帰宅、そのまま何事もなく夕飯かと思いきや、忙しく動いている雅子から渡されたのは３００円でした。

「ん？　なんのお金？」

と聞くと、

「今日は忙しいから、それで夕飯買ってきて食べてて」

という答えでした。

今までも夕飯がスーパーの弁当ということはあっても、さすがに現金を渡されるということはなかったのです。期待は絶望に変わりました。

毎日、毎日、我慢して我慢して、考えることをやめてまで働いてこの仕打《しう》ちは何たることかと、天を睨《にら》みました。

「神はいない」

「チャンスは自分には来ない」

この頃には、鷹幸の中の『鷹』はカゴの中の鳥と化していました。

カゴの中で待っていても意味がない！　自分が動いてカゴから出ないといけないんだ！と決意したのです。

この出来事が私の人生を好転させる曲がり角となりました。

この後に、本当の神に出会うことになります。

大神師匠の解説

人が行動できないことには理由がある！

「まだ僕は、本編では登場してないんだけども（笑）、なぜ行動したくても行動することができないのかを解説していきますね！」

動けないのには、理由があります！

・行動したいけど、ついダラけてしまう
・一歩を踏み出したいけど、一歩が出ない
・やりたいんだけど、すぐに動けない

「ああ～自分はいつも動けない……。ダメダメな人間なんだ。ダメな人間だから、俺には無理だよ」

「鷹幸くん！　そんな落ち込まないの！　動けないのは当たり前のことなんだよ！　解説するね！」

現状維持の法則

（プリンストン大学の行動経済学者であるエルダー・シャフィール博士が提唱）

こんなことないですか？

①転職を考えてはいるけども、今の会社と新しい会社のメリットを天秤《てんびん》にかけて考えているうちに、疲れてしまって思考停止で転職できず。

②痩せようと思ってジムに通っても、ジムの辛さに1カ月で辞めてしまい、結局、楽な自堕落《じだらく》な生活に戻る。

③「資格を取るぞ！」と意気込んでテキストを買っても、ちょっと開いたら閉じてしまって、近くにある漫画を読み始める。

④好きでなくなった彼女に別れ話を言おうと思っても、なんか相手に悪い気になって、言えずにズルズル付き合う。

「絶対に自分は、行動なんてできないよ……」

「鷹幸くん、大丈夫！　簡単に行動できる方法を教えるよ！」

簡単に行動できる方法

①選択肢を減らす
②選択の機会をなくす

選択肢を減らす

「FX《エフエックス》や節約、株、転売、アフィリエイト、ブログ……。全部やれば、一気にお金が増えるぜ！」

「ほうほう」

「でもな……やること多すぎるから、明日また考えよう……」

「ほら、やらなくなった！　やろうとしてることが多すぎるんだよ！」

「節約が一番手っ取り早そうだ！」

「節約と言ってもいろいろあるから、具体例を出してみて！」

「はい！」

・スマホのプラン見直し
・安いスーパーに買いに行く
・トイレの回数を減らして節水
・パンツを毎日から3日に1回洗濯

「ここからさらに1つだけ選択しよう！」

「これだ!」

・スマホのプラン見直し

「これならすぐに行動できそうだね!」

「はい!」

選択の機会をなくす

「お金を増やすためには、いろんな人の意見を聞いたほうがいいから、セミナーに行こうと思っています！」

「セミナーに行ってもお金は増えないよ！　むしろ、不要な知識や商品を売りつけられるだけ！」

「でも、動くことが大切なら、動かないと！」

「身になる行動とは、正しい考え・手法で実践することであって、無駄《むだ》なセミナーや本を読むことではないからね！」

「え～ん。騙されましたよ。ＦＸの高額塾をすすめられました……。塾を売るためのトークだったので、正しくない無駄な知識でした……」

「ほらね（笑）。言ったでしょ！　セミナーに行く時間あったら、節約のために自宅のネットの契約を見直したほうが賢かったね！」

第１章のまとめ

・行動できないのはできなくて当然！

・現状維持の法則があるから
仕方がない！

動くためには、

①選択肢を減らす

②選択の機会を減らす

この２つだけ！

第2章

副業は意外と大変だ!!

動くと決心したが、できれば動きたくない

動くと決心したのですが、なかなか動けないのが人間です。
現状から変化しようとすると、勝手に元に戻ろうとするのです。今の環境を肯定しようと、脳が働くのが原因です。

今でも生きてはいるわけですから、「変化しなくてもいいじゃん！」と脳が勝手に判断してるんですね。動かないではなく、動けないという表現が一番しっくりきます。

このとき、私の中では『心 vs 脳』の構図ができあがって対決をしていました。

「俺は決意したんだ！　動いて自分を変えてやるんだ！」

と『心』が言えば、

「息してるんだから、今のままでいいじゃん、動いても疲れるだけだ～よ～?」

と『脳』が応酬します。

朝起きると、今日こそは動くぞと意気込むわけです。

しかし、いつも雅子から知らないうちに義務付けられた家の掃除や会社に出社して仕事をしていると、「行動してやる」という決心は薄らいでいます。

そして、昼食の時間になると、ほっと一息ついて、「このままでもいいのかな?」と思う連続でした。

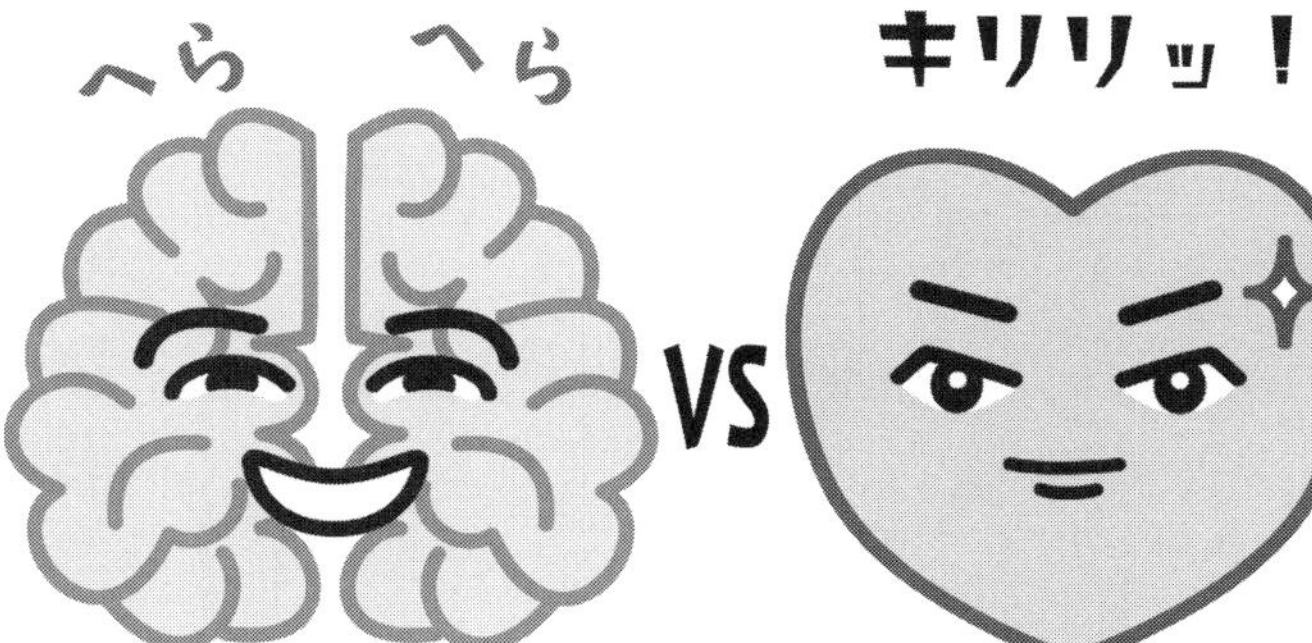

後輩女子社員を巡って起きた衝撃的な事件

『心』と『脳』の均衡が崩れる衝撃的な事件が勃発《ぼっぱつ》しました。

会社の後輩に、それなりに可愛いと言われている厚子《あつこ》がいました。指原莉◯さんを少し崩した感じです。見方によっては、美人と言われなくもありません。


「厚子ちゃん！　ランチ、一緒にお弁当食べない？」

「あっ、加藤先輩！　いいですよ！　今日は陽気な天気ですから、屋上で食べましょう」

自分の癒《いや》し欲しさのために、お昼休憩で一緒にランチを食べようと定期的に誘っていたのです。少ないお小遣いのため、２８０円弁当や菓子パンを買って社内で食べるランチです。

私の心の『オアシス』でした。


もちろん、下心がなかったかと言えば、嘘にはなりますが、自分は妻子ある身分のため、仮に厚子が自分のことに少なからず興味があったとしても、そんな不埒《ふらち》で軽率《けいそつ》な行動はできないと自分を戒《いまし》めていました。

また、お小遣いが減額されたこともあり、デートするとしたら厚子の家でのデートになるため、社内で変な噂が出たらお互いのためにならないだろうとも思い、さわやかな付き合いをしていたのです。

しかし、そんな平穏《へいおん》な日々は、課長の秋本《あきもと》さん（既婚・妻子あり）が配属されてから、雪崩《なだれ》のように崩れ落ちるのです。

「厚子ちゃん！　ランチ、一緒にお弁当食べない？」
「すいません、銀行に行かないといけなくて……。また誘ってくださいね！」

別の日にも、

「厚子ちゃん！　ランチ、一緒にお弁当食べない？」

「すみません、郵便局に行かないといけなくて……。また誘ってくださいね！」

さらに別の日には、

「厚子ちゃん！　ランチ、一緒にお弁当食べない？」

「すいません、秋本さんと行く約束があるんです」

「……！！！」


秋本さんはまだしも「また誘ってくださいね！」がなくなっている。

その後、どんなに誘っても厚子が一緒にランチをしてくれることはありませんでした。

理由は『お金』でした。私は、お昼休みに厚子と秋本の後を尾行しました。

秋本は、厚子のランチ代をおごることはありませんでしたが、金の力に任せて、ランチ後にコンビニのドリップコーヒーをごちそうしていたのです。

１００円＋税のコーヒーと言っても、お小遣いに限界がある私には、大きな打撃です。毎日だとしたら、20日稼働で月に２０００円＋税がかかります。

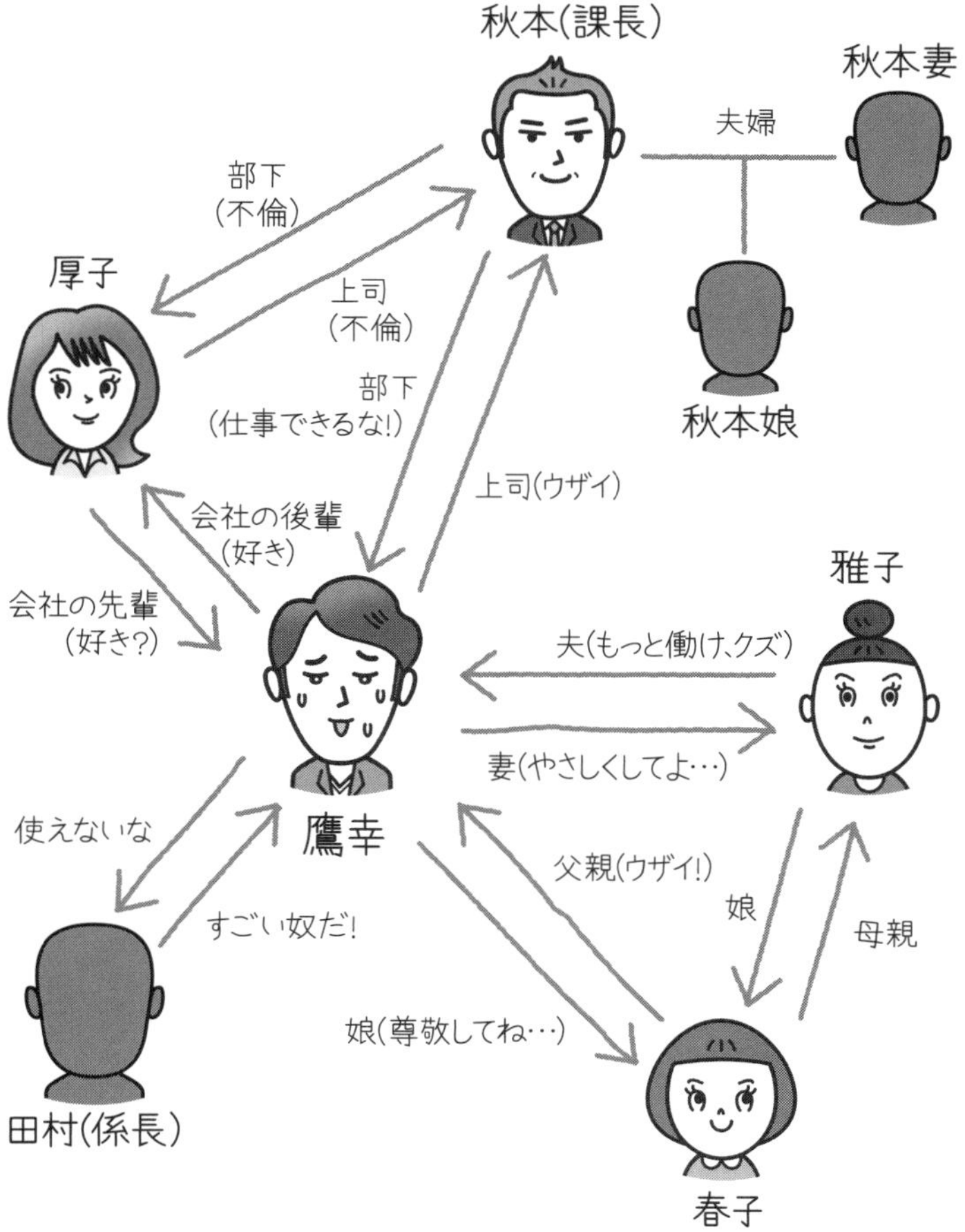
秋本(課長)
秋本妻
夫婦
秋本娘
部下
(不倫)
厚子
上司
(不倫)
部下
(仕事できるな!)
上司(ウザイ)
会社の後輩
(好き)
会社の先輩
(好き?)
雅子
夫(もっと働け、クズ)
妻(やさしくしてよ…)
鷹幸
使えないな
すごい奴だ!
父親(ウザイ!)
娘
母親
娘(尊敬してね…)
田村(係長)
春子

※あくまでも鷹幸目線

私は秋本と言う名の『お金』に完敗でした。その後、秋本が厚子とヨロシクな関係になったのは、想像に難しくないと思います。

100円+税の壁が、私と秋本の間に大きく立ちはだかります。たかが、100円+税ですが、積み重なることでベルリンの壁以上に大きな障壁《しょうへき》となるのです。

ベルリンの壁も小さなレンガ一つ一つが積み重なることでドイツという国を分断しました。万里《ばんり》の長城《ちょうじょう》も然《しか》りです。

この100円+税という壁が、私にお金で人生は変わるということを教えてくれました。

このときです、頭に雷が落ちたような衝撃が体に走りました。

「お金があれば、嫌なことはなくなるのではないか?」
「厚子も雅子も春子も、お金があれば私に優しくなるのではないか?」
「無能な上司の言うことを聞くことなく、むしろ会社を変えてもいいのではないか?」

鷹幸の中に潜む『鷹』がついに目を覚まし、カゴを破壊したのです!

お金のために頑張っても結果が出ない

お金の大切さを痛感した私ですが、どうしたらお金を増やせるのかがわかりませんでした。そこで、世にいうお金の増やし方を試してみたのです。

普段、仕事も家庭もあって、なかなか時間を取ることは難しかったのですが、仕事後に図書館に寄って雑誌や漫画を読んでいる私の貴重なリフレッシュタイムを断腸《だんちょう》の思いで削って、お金の増やし方の実践に充《あ》てました。

私が試したお金の増やし方は、

● せどり
⬇掘り出し物が見つかれば、毎月10万円くらい簡単にいける。

● ブログ
⬇日常の出来事を書いていれば、お小遣いくらい（2～5万円）は稼げるのは確実だ。

●アフィリエイト
⬇美容商品や健康商品を紹介するサイトを作れば、毎月50万円は堅いな。

●アンケートモニター
⬇適当に回答すればトイレに入っている間にもできる。

●ネットワークビジネス
⬇優秀な紹介者を下につければ勝手にお金が入る。大学の後輩にお願いしよう。

●薬の治験
⬇薬を飲むだけで1回数万円なら割がいい。

●覆面モニター
⬇タダで外食できるし、食レポならテレビのグルメレポーターの真似をするだけで楽勝。

● ＦＸのデイトレード
⬇今まで運が悪かったから、ここで大化けする予感。

● 株のデイトレード
ネットで有力な銘柄を書いている人を真似ればＯＫ。

と予測して、実際にトライしてみました。

「余裕で稼げるでしょ！」
「副業、副業と本やネットでも騒いでいるし」

トライして、研究に研究を重ねた結果は、このようになりました。

● せどり
⬇商品を探していると娘に邪魔されるので挫折。そもそも掘り出し物が見つからない。
一度、あるメーカーのリュックを見つけて仕入れて売ろうとしたら、値下がりして損失が出る。

●ブログ

⬇3日間更新したら、ネタがなくなる。普段、読んでいる漫画(ジャンプやマガジン他)の感想を書こうとするも、書くよりも漫画を読んでいるほうが楽しくて、手につかなくなり断念。

●アフィリエイト

⬇サイトの作り方の本を呼んでいたら睡魔に襲われ挫折。そもそも美容も健康も興味がないため、書くのが苦痛になりそう。今でも仕事や家庭でストレスがあるのに、これ以上のストレスを受けると体を壊すと判断し、断念。

●アンケートモニター

⬇予想以上にアンケートの量が多く、記述式もあり、自分の仕事における時間チャージ(給与÷労働時間)1300円/時間と比べると割に合わないと判断し、断念。

●ネットワークビジネス

⬇大学の後輩にさり気なく聞いてみるも、華麗にスルーどころかちょっと冷たい視線。そもそも、ビジネスモデルに疑問を感じていたこともあり、断念。

●薬の治験

⬇よくよく考えたら副作用の可能性がある。自分が病気になったら、家族や会社のメンバーに迷惑をかけると思い、断念。

●覆面モニター

⬇外食がタダになるかと思いきや、全額負担ではなく半額や3割程度、食レポも細かく承認されないと食事代も払われない仕組みに憤りを感じ、断念。

●FXのデイトレード

⬇なけなしの1万円を投入し、5分後には0円になる。実在の成功者を見たことがないので詐欺《さぎ》に近いと判断し、断念。

● 株のデイトレード

⬇そもそも、数十万円の資金が必要になるため実践できない。調べてみると、ネット情報は嘘が多く、チャレンジするにはリスクが多すぎると判断し、断念。

本やネットの情報は嘘だらけですね。本業の仕事以上に時間を割いたり、どうでも良い作業をひたすらするしかありません。せどりなんかは、ＡＩ社会になったら駆逐されると判断しました。

図書館で雑誌や漫画を読む貴重な時間を削ってまでトライしたお金の増やし方は、暗礁《あんしょう》に乗り上げてしまったのです。

鷹幸の中の『鷹』は、羽ばたく前に出鼻《でばな》をくじかれてしまったのです。

そんなときでした。私の人生を変える人物との出会いがあったのです。

大神師匠の解説

副業って実際どうなのよ?

「副業を手軽に捉《とら》えがちな人が多いから、ここでまとめて紹介するね!」

サラリーマンの副業は3タイプ

①時間労働型
②ギャンブル型
③ストック型

①時間労働型

時給換算できる副業。「1時間働いたら、○○○○円入る」というのが明確。また「1記事、○○○○○円」「1件運んだら、○○○○円」など値段が決まっているものも時間労働型。

デメリットとして、自分が働けなくなってしまったら収入がストップするというリスクがある。

②ギャンブル型

ハイリスク・ハイリターンな副業。一獲千金《いっかくせんきん》も狙えるが、マイナスになる恐れもあり。

③ストック型

お金が入ってくる仕組みを作る副業。初期投資等や銀行からの融資《ゆうし》が必要な場合がほとんど。

しかし、ローン額や初期投資分を回収すれば、そこからは自動でお金が入ってくる。

「大きく3種類に、副業は分かれるからね！　主要な副業の特徴をまとめたから見てみよう！」

特徴
インターネット（メルカリ・ヤフオク・Amazon など）を利用した物品販売。買い手が欲しい物を安く仕入れて、利益を得る方法。安く仕入れるための作業が必要で、常に買い手のニーズや仕入先の価格や流通に変化があるため、絶えず作業をしないといけない。また売れにくい商品を仕入れた場合に在庫を抱えてしまう。梱包作業が必要でもある。
ブログに記事を書いて、そこに広告を置いて広告リンクを踏んでくれたらお金が入る仕組み。1pv（アクセス）あたり 0.1 ～ 0.4 円くらいが相場。アクセスが集まるブログを書く必要がある。稼げるのは、「〇〇ノウハウ系、まとめ、速報」「美容系」「アフィリエイト系」等テーマを一貫しているブログ。自分の興味の有無ではなく「人が何を読みたがっているか」を常に研究し、体現する必要がある。トレンドネタ、炎上狙いは一時期は PV 数をあげることができるが、長期的な PV 数の獲得にはつながらない。基本、ブログ読者を飽きさせないためにも、毎日もしくは数日に１度以上は更新する必要がある。
ブログの上位互換の副業。アフィリエイトとは「成功報酬型広告」のこと。簡単に説明すると、ブログなどで他社が販売している商品を紹介し、それが購入につながったら手数料が得られるという広告ビジネス。専門分野の特化型のサイトを作成して商品を販売する。アフィリエイトで成功している人は 0.1% 以下だという統計結果がある。つまり、アフィリエイトで簡単に稼げる仕組みを作るには相当な努力が必要となる。しかしながら時間を掛けて作成したサイトがある程度の期間はストック的に稼いでくれるときもある。定期的なメンテナンスで稼げるサイトが作れるかも?　近年、アフィリエイト事業を通じて勧誘を行い、巧みな言葉でお金をだまし取る詐欺も横行している。アフィリエイトの詐欺に遭わないためには、初期費用や運営費などの金銭を要求された時点で疑うこと。
企業からの簡単な入力項目に対して回答したり、受け答えするだけで収入がもらえるのが「アンケートモニター」。通勤時間や休憩時間にスマホだけでできる点がメリットだが、単価が非常に安いので時間給に直すと１００円程度のケースが多い。お金を増やしたり、稼ぐと言うよりはお小遣いが少し増えるイメージ。稼げても週に数百円ほど。
ネットワークビジネスとは、口コミによって商品を広げ、商品の購入者を「販売員（ディストリビューター）」として起用し、その販売員がさらに別の人を販売員として起用していく仕組み。これを繰り返すことにより、「多階層（ピラミッド型）の販売員組織」を形成していくことも可能。多階層の販売員組織が作れたら終わりではなく、自分でも商品をある程度買い続ける必要があり、高みを目指すならば、販売員を増やし続けなければならない。イメージが良くないため友人や家族に敬遠されるリスクがある。また販売価格の数%が紹介者の報酬となるため労働の割には成果は少ない。多くのディストリビューターを作ることができればいずれはストック型にできる可能性もあるが、定期的なフォローが必要で相当な努力が必要。

名称	分類	場所	向いている人の性格
せどり	時間労働型	在宅・ 外出あり	細かい作業が好きな人、写真撮影、文章作成が得意な人
ブログ	時間労働型	在宅	文章を書くのが好きな人、クリエイティブな作業が好きな人、更新し続ける根気がある人
アフィリエイト	時間労働型〜 ストック型	在宅	レポートが上手な人、人にモノを勧めるのがうまい人、ブログを書くのが好きで苦にならない人
アンケートモニター	時間労働型	在宅・ 隙間時間に どこでも	面倒くさがり屋ではない人、細々したことが好きな人
ネットワーク ビジネス	時間労働型〜 ストック型	外出あり	コミュニケーション能力に長けている人、営業が苦にならない人

特徴
治験とは、薬の効き目を臨床的に確かめる検定のこと。治験の案件は 1 件 1 万円～と金額が大きいので、1ヶ月 1 回でも十分な収入になる。実施日も土日祝日に行われることが多いので、平日仕事をしているサラリーマンにとって大きなメリット。また、新薬開発などのための案件であれば、事前に健康診断を無料でしてもらえるケースがある。しかし、同じ案件を 2 度受けることは不可のため継続的な収入とはなりにくい。案件によっては食事や生活リズムに制限が入ることもある。副作用についても何も言えない。
覆面モニターとは、お客さんを装って指定されたレストランや施設に行き、そのお店の味、接客態度、清掃状況などを調べ報告する仕事。収入が得られることはもちろんだが、なかなか行けないレストランやマッサージ施設に無料で行けることは大きなメリットだと言える。案件によっては、友人と一緒に行けるレストラン等もあるので、プライベートのような感覚で仕事ができる。謝礼額はピンからキリまで。飲食代やエステ代が完全無料になるが報酬がないものから、アパレルの覆面調査で 1 時間 5,000 円という案件も。体験して終わりではなく、レポート作業やインタビューがあとである。また人気のため当選確率は低くく、継続的な収入とはならない。
FX は、簡単に説明すると、外国の通貨を売買して、その差益を得ることを目的とした投資方法。FX には 2 つの収益の得方がある。「為替差益」と「スワップ（金利差）収益」という方法。相場を読むためのセンスと知識が必須。景況感や事件なども絡むため、ギャンブルと言える。仮想通貨や株式とは異なり、証拠金という制度を使い最大 25 倍のレバレッジを効かせられるのは大きな魅力だが、無くなるときも一気にお金を失う。
投資先の会社の業績が上がることで得られる「配当金」と、値上がりした株を売却すると得られる「売却益」がある。基本は売却益狙い。割安な株を見つけて高くなったら売るを繰り返す。時間の拘束は少ないが、原資が相当額必要になる。景気動向によってはいきなり大きな損失を被る。
毎月安定した家賃収入が得られる。サラリーマンであれば融資を受けやすいため規模の拡大がしやすく、大きな収入になる。しかしながら物件や購入業者・管理会社の選択には知識やコネが必要になる。
配達する件数によって金額が変わる。スキマ時間に働くことが可能。宅配するライバルが増えると仕事を奪われてしまうため、先行者が有利な副業。

名称	分類	場所	向いている人の性格
薬の治験	時間労働型	外出あり	健康な人、何事も気にしない性格の人
覆面モニター	時間労働型	外出あり	コミュニケーション能力の高い人、観察力がある人
FXのデイトレード	ギャンブル型	在宅	リサーチが得意な人、物事を長期的な目線で考えられる人、感情を表に出さず冷静に取引できる人、分析ができる人
株のデイトレード	ギャンブル型	どこでも	様々な仕事に興味・感心がある人、リサーチが好きな人、物事を長期的な目線で考えられる人、感情を表に出さず冷静に取引できる人、向上心があり、分析ができる人
不動産投資	ストック型	在宅	特になし
宅配代行	時間労働型	外	体を動かすことに抵抗がない人

第2章のまとめ

副業と言っても様々！
自動でお金が増えることを
狙うのなら

自分に合った副業を選び、
できる限りストック型の
ものにする

第3章

自己肯定感UP！で最高の自分へ

師となる高校の同級生との出会い

ゴールデンウィークに、地元に帰省していたときのことです。

実家にいる間は、うちの親が食費や寝る場所も提供してくれるのでお金がかからず、雅子は大満足です。寝る場所と言っても、実家ですが（笑）。

また、私も実家に帰省すると、妻には内緒で母親からお小遣いがもらえるので、いつも長期休暇は楽しみにしていました。

そんなゴールデンウィークに、高校の仲間との飲み会に参加しました。そこで、10名ほどの同級生が集まって、仕事の話や高校時代のエピソードを話していたのです。

その飲み会に、大神《おおがみ》くんが3年ぶりに参加していました。

高校時代は、特に目立った生徒ではなく、何をするにしても私よりも優秀なところはないと思うような印象でした。

そんな大神くんに久々に会うと、今までとはまったく違う印象になっていたのです。

堂々として自信に満ち溢《あふ》れ、腕には高そうな時計をし、ビジネスバッグも高級そうな革製でした。今、考えるとルイ・ヴィトンの時計とバッグだったと思います。私と年収がさほど変わらないはずの彼が「なぜ？」と不思議になりました。

彼の変化に気づいたのは私だけだったようで、ほかのメンバーは、特に気に留めることもなく飲んでいました。お金について意識している私だからこそ、この印象の違いに気がついたのですね。あの厚子事件があったおかげです。

「大神くんって、ゴールデンウィークの予定はどんな感じ？」

「特にやることないから、買い物にいくくらいかな」

「だったら、最終日にちょっとお茶でもしない？　久々に話したいなって」

1次会が終わった後に、ほかのメンバーに気づかれないように、大神くんに声を掛けて後日会う約束をしたのです。

大神くんはこの日、1次会で帰っていきました。私はその後に、2次会に参加し、キャバクラに行くメンバーを羨《うらや》ましくも思いながら、お金がなくていけないことを皆に悟られないよう、さわやかに見送って帰宅しました。

弟子入り決定

ゴールデンウィークの最終日に大神くんとお茶をしました。世間話で盛り上がる間もなく、単刀直入《たんとうちょくにゅう》に大神くんの変化について聞いたのです。

大神くんからの返答はとってもシンプルでした。

「大神くんの印象が変わった気がしたんだけど、何かあったの？」

と私が聞くと、

「投資をしてるから」

あまりにもあっけない回答にびっくりしました。大神くんは、投資でお金を得たことで、生活も気持ちにも余裕が出たからだと教えてくれました。

私は、この数ヶ月間のお金を増やすためにトライした内容を伝えました。

正直、同級生に頭を下げて相談するのはプライドがあるので戸惑《とまど》いもあったのですが、大神くんは同じ会社でもないですし、住んでるエリアも異なるので、私が相談したことが私の周りに漏《も》れることはないと思ったんです。

安易に言いふらされたり、SNSで拡散されたら嫌ですからね。

「鷹幸くん、副業にトライしてみたんだね！　トライできない人が多い中で偉《えら》いよ」

「副業は労働型だから、大変だよね。僕が実践していることは、仕組みで行う投資だけども、よければ教えるよ」

大神くんは、私の行動を評価してくれ、自分が実践していることだったら教えると言ってくれたのです。

「本当！　教えて教えて！」

と私は、軽い気持ちで答えました。

そのときです。私の軽い発言を聞いて、大神くんの表情が突如、険《けわ》しくなりました。

「鷹幸くんに教えるけど、条件がある。この条件を呑めないようだと、教えることはできない」

「お金を取るとか、言わないよね？」

「鷹幸くん！　喝っ！！！」

「うっっ、すいませんでした」

大神くんは、３つの条件を提示してきました。

①自分を師と崇《あが》めること
②師の教え以外は、実践しないこと
③成功したら、人に教えること

大神くんは、この投資手法を大神くんの母方の叔父《おじ》さんに教えてもらったそうです。その叔父さんとの約束が、この3つの条件だったとのことです。

師匠から、美味《おい》しいところだけつまみ食いして、自分だけ得しようとする人間には教えるな、ときつく言われているということです。

このときの私は、自分が成功したら他人に教えるのも面倒《めんどう》だし、自分だけ得したいから、まずは大神くんに嘘でも頭を下げて手法を学ぼうとしました。

形だけ真似れば、高校生のときは自分のほうが優秀だったので、大神くんよりも成功すると思っていたんです。

今考えると、ゲス野郎です……。

今の私からは、想像できない行動ですね（笑）。面白いことに、自分が成功すると、他人に教えたくなるもんなんです。大神くんの言葉ではないですが、自分が満たされると気持ちに余裕が生まれ、他人にも同じ気持ちになってほしいと思うんです。

しかし、まだまだ若い当時の私は、しぶしぶ条件を飲んで大神くんに頭を垂《た》れ、教えを乞《こ》いました。

「大神くん、３つの条件はわかったから、ぜひ教えてください」

その当時の私は、大神くんに対して

「負けたくないし、そもそもの素材では負けてない」

と本気で思っていました。

今思うと、プライド高すぎですね。

分析を制するものがお金を制す

「さっそく始めるね！　お金を増やす手法も大切だけども、それ以上に大切なことがあるんだよ」

「えっ！　手法を教えてくれるんじゃないの？」

ノウハウを知って、後はトンズラしようと思っていた私は、面食《めんく》らいました。

「お金を増やす基礎にあるのは、『自分を知ること』なんだよ」

大神くんが言うには、自分を知らずにお金を増やそうとすると、自分の性格とマッチしていない手法に手を出して失敗したり、一時的にお金を増やすことができても、すぐに使ってしまって増やした意味がなくなるのだそうです。

大神くんの叔父さんは、今までに頑張《がんば》っても頑張っても自分にマッチしていない手法のためにお金が増えない人や、せっかくお金が増えても散財《さんざい》してダメになった人をたくさん見てきたそうです。

「まず大切なことは、冷静に自分を見つめることなんだ！　鷹幸くんは就職をしているから、就職活動や入社後に自己分析はしたことあるよね？」

「もちろんあるよ！　結構な回数した気がするよ……」

「鷹幸くんは免許を持ってたっけ？　免許をとるときに、適性試験を受けなかった？」

「確か、受けたような気がする……。大学のときだから、半分忘れたよ」

「就職活動のときの自己分析と、免許を取るときの適性試験を見比べると、恐ろしい結果があるのは知ってるかな？」

正直に言って、わからなかったのですが知ったフリをして、

「あぁ、あれね！　同じ人でも性格が変わるってやつだよね！」

私は当てずっぽうで答えてみました。

「さすがだね。よく知ってるね」

「免許を取るときは、正直に回答する人が多いんだけども、就職活動だと自分を偽る人が多いんだよ。それで同じ人で見比べると、二重人格のようになるって話だよね……」

「そうそう。有名だよね！」

内心、ほっとしながらも、私は知ったかぶりがバレないように、気丈《きじょう》に振る舞うことに必死でした。


大神くんが言うには、学生時代に取得する自動車免許の場合は、よく考えずに運転適性のマークシートに記入するから、その人の本当の性格がわかるそうです。

しかし、就職活動のときの自己分析やＳＰＩは、真面目で仕事を頑張るキャラでマークシートにチェックする人がほとんどだそうです。会社が求めるキャラに合わせる傾向が日本人には強いということですね。

ゴールである就職というアメがぶら下がった状態だと、人間は欲に負けて自分の性格さえよく見せようと捻《ね》じ曲げるのです。

おっしゃる通りです。私も就職活動のときの自己分析では、完全に自分の性格を捻じ曲げて会社に合った感じにしていました。

当時の回答は、

●何事も諦めないほうだ
⬇大いにYES

●リーダーシップがあるほうだ
⬇大いにYES

●周囲を気遣うほうだ
⬇大いにYES

●協調性があるほうだ
⬇大いにYES

● **新聞を毎日読む**
⬇大いにYES

しかし、実際には、

● **何事も諦めないほうだ**
⬇1分やってできないことは諦める

● **リーダーシップがあるほうだ**
⬇誰かにお任せしたい

● **周囲を気遣うほうだ**
⬇自分が気遣いされたい

● **協調性があるほうだ**
⬇自分さえ良ければそれで良い

● 新聞を毎日読む
⬇ たまにスポーツ新聞なら

というように、まったくの逆だったんです。大神くんの言う通りに、改めて自己分析をしてみました。

すると、私という人間は、

- 他人任せ
- 他人になんとかしてもらいたい
- 自分は動きたくない
- 他人から称賛されたい
- 異性から注目を浴びたい

ということがわかってきました。

就活では、自己分析を偽っている人が多いと思います。だって、就職しないとおかしいと言われる世の中です。大学の同級生は、ほとんど就職しますからね。正直に「働きたくないけど、お金だけ欲しい」と言ったら落ちますから。

当時の私のように、生活のために自分を偽ってまで働いている人は多いと思います。

「さっき、僕に教えてくれた鷹幸くんがトライしたお金の増やし方、もう一度見てみようよ！」

私が実践したお金の増やし方を改めて、大神くんと一緒に見てみました。

●せどり

⬇調べたり、梱包したり、購入者とやり取りがある時点で面倒で無理。

●ブログ

⬇文字を書くのは面倒で無理。

●**アフィリエイト**

⬇文字を書くのも嫌いなのに、サイトを作るなんて到底無理。

●**アンケートモニター**

⬇興味ないので無理。

●**ネットワークビジネス**

⬇人を見つけるのが面倒で無理。

●**薬の治験**

⬇健康第一なので無理。

●**覆面モニター**

⬇食べるだけでいいなら良いが、レポート提出は面倒なので無理。

●ＦＸのデイトレード
⬇我慢強くタイミングを待つことができないので無理。

●株のデイトレード
⬇企業研究は興味ないので無理。

「どれも合ってないね……。自己分析の大切さは、ここなんだよ！　自分の性格に合っていない手法でお金を増やそうとしても時間がかかるか、身につく前に挫折するかで意味がないんだ！」
「自分を変に偽って会社で働いているから、自分がどんな性格だったのか、それさえ忘れていたよ……」

結果として、副業や実践した投資がうまく行かないのは当たり前で、自分で考えて動きたくないのが、本当の私だったのです。
あなたも一度、素直《すなお》で真っ白な気持ちで自己分析してみることをおすすめします。

「これで鷹幸くんの性格がわかったよね！　高校時代から変わってないよね（笑）。どんな方法なら、鷹幸くんらしくお金を増やせると思う？」

「自分は動かずに、勝手にお金が入ってきてほしいな。お金が勝手に働いてくれて、新しいお金を連れてきてほしい」

私は素直な気持ちの発言だったので、偽ることの後ろめたさがなく、さわやかな気持ちで答えることができました。

「素晴《すば》らしい回答だね！　実は僕も自己分析したら、鷹幸くんとほとんど変わらない結果だったんだよね（笑）。自分の心に素直になると、気分が晴れやかになるよね！　顔つきがさっきまでとぜんぜん違うよ！」

鏡に映った自分の顔は、今までの人生で一番清々《すがすが》しい顔でした。

この自己分析で、私の方針は決まりました。

それは、『自動化』です。

自分はできる限り動かずに、自動的に環境が変わって自分の居心地《いごこち》が良い状態になれば良いなと思ったんです。

舞台で主人公が立ったまま、背景だけが変わる感じに近いですね。

別の言い方をすれば、『動く歩道』に乗っかってる状態です。『動く歩道』とは、水平型エスカレーターのことです。目的地まで勝手に私を運んでくれるあの歩道です。山手線の恵比寿《えびす》駅から恵比寿ガーデンプレイスにつながる『動く歩道』を初めて見たときは、感動したことを覚えています。

迷うことも自分で考えることもなく、乗っているだけで自動的に目的地まで私を運んでくれます。

ということは、私が常に快適な状態で維持できる『動く歩道』を作れば、人生は茨《いばら》の道から一気に薔薇《ばら》色です。

「『動く歩道』とは、うまいこと言うね！　鷹幸くんは、お金を増やすセンスがあるね！」

そう言われて、私は照れ笑いをしました。

Brandy
BEER
発泡酒

嫌なことを整理すると答えが見えてきた

「自分の性格がわかったら、次は今ある嫌なことを書き出してみよう！　嫌なことは、仕事や家庭だけでなく、何でもいいから！」

私は、紙に自分が嫌だと感じることをひたすら書き出しました。

「何でもいいよ！　友人関係でもいいし、社会に対することでもいいよ！　最低でも10個、書き出してみよう！　書き出すと、今後のゴールが見えてくるよ！」

10個書いた私の嫌なことです。

- 自分より無能な上司に指図されるのが嫌だ
- 上司と話すと、唾《つば》が飛ぶのが嫌だ

・朝早く起きて、掃除機掛けをするのが嫌だ
・夕飯がスーパーの弁当は嫌だ
・自分より有能そうな後輩が入ってきて嫌だ
・ビールではなく、発泡酒なのが嫌だ
・雅子に「お金がない！」と言われることが嫌だ
・通勤電車が混んでいて嫌だ
・髪の毛が薄いのが嫌だ
・家に自分の部屋がないのは嫌だ

「鷹幸くんの嫌なことを、どうしたら回避できるか、もしくは好きなことに変えられるのか考えてみよう！　直感でいいから、３つ解決策を挙げてみて！　素直な気持ちでね！　わかった？」

●**自分より無能な上司に指図されるのが嫌だ**
⬇①上司の転勤を待つ、②上司に好かれて指図されないようになる、③上司の間違いを指摘する

● 上司と話すと、唾が飛ぶのが嫌だ
⬇ ①上司の転勤を待つ、②上司と距離を置く、③マスクとメガネを着用して防ぐ

● 朝早く起きて、掃除機掛けをするのが嫌だ
⬇ ①妻の雅子に交渉して担当を変更してもらう、②掃除機の時間を夜に変更してもらう、③掃除機を隠す

● 夕飯がスーパーの弁当は嫌だ
⬇ ①雅子に頼んで作ってもらう、②弁当からお惣菜にグレードアップ、③自分で夕飯を作ってしまう

● 自分より有能そうな後輩が入ってきて嫌だ
⬇ ①後輩をいじめる、②後輩を無視する、③後輩に取り入る

● ビールではなく、発泡酒なのが嫌だ
⬇ ①グラスに移してビールだと思い込む、②発泡酒を2本買うのを苦渋の決断で我慢し

てビール1本にする、③飲み会で後輩にたかる

●**雅子に「お金がない！」と言われることが嫌だ**

⬇①聞こえていないふりで聞き流す、②雅子と極力会話をしないようにする、③家出する

●**通勤電車が混んでいて嫌だ**

⬇①自転車で2時間かけて通勤する、②混んでいない早朝5時の電車に乗る、③仮病で会社を休む

●**髪の毛が薄いのが嫌だ**

⬇①坊主にしてごまかす、②常に帽子を被る、③髪の毛以外のあらゆる体毛を乗せてみる

●**家に自分の部屋がないのは嫌だ**

⬇①クローゼットを自分の部屋だと思い込む、②近所の公園のベンチを自分の部屋だと思い込む、③世界は自分のものだと思い込む

私は素直な気持ちで書きました。

「終わったね！　どうだったかな？　これですべて解決、明日からは最高の毎日になると確信できた？」

「いや、なんか我慢することだけで、根本的な解決になってないような……」

「そうだよね！　実際、良い答えはなかなか出てこないよね。当たり前のことだから、ガックリしないで安心して！」

「ビックリさせないでよ（笑）」

「では、ここで鷹幸くんが毎月自由に使えるお金が1万円あるとしよう！　いま挙げた嫌なこと10個は、解決できるかな？」

● **自分より無能な上司に指図されるのが嫌だ**

⬇特に変わらない

● **上司と話すと、唾が飛ぶのが嫌だ**

⬇特に変わらない

● 朝早く起きて、掃除機掛けをするのが嫌だ
⬇特に変わらない
● 夕飯がスーパーの弁当は嫌だ
⬇特に変わらない
● 自分より有能そうな後輩が入ってきて嫌だ
特に変わらない
● ビールではなく、発泡酒なのが嫌だ
⬇ビールが買える！
● 雅子に「お金がない！」と言われることが嫌だ
⬇1万円を渡しても焼け石に水だから、変わらない

●**通勤電車が混んでいて嫌だ**
⬇特に変わらない

●**髪の毛が薄いのが嫌だ**
⬇育毛剤が買える！

●**家に自分の部屋がないのは嫌だ**
⬇特に変わらない

「10個中2個の解決の糸口が見えそうだよ！」

「じゃあ、鷹幸くんが毎月10万円、自由に使えるお金があったらどうだろう？」

●**自分より無能な上司に指図されるのが嫌だ**
⬇給与が下がっても、10万円あるから転職できるかも

● **上司と話すと、唾が飛ぶのが嫌だ**
⬇10万円あるなら、出世しなくていいから注意できるかも

● **朝早く起きて、掃除機掛けをするのが嫌だ**
⬇ロボット掃除機のルンバが買える！

● **夕飯がスーパーの弁当は嫌だ**
⬇宅配の利用や外食ができる

● **自分より有能そうな後輩が入ってきて嫌だ**
⬇10万円余力があれば、大きな顔ができる！

● **ビールではなく、発泡酒なのが嫌だ**
⬇余裕でビール！

●雅子に「お金がない！」と言われることが嫌だ
⬇多少は言われにくくなりそうだが、高給取りの旦那をゲットした友だちの例は出してきそう

●通勤電車が混んでいて嫌だ
⬇たまにはタクシー通勤できるかな？

●髪の毛が薄いのが嫌だ
⬇ヘッドスパに月に1度は行ける

●家に自分の部屋がないのは嫌だ
⬇漫画喫茶に行ける

「10個中、7～8個は解決ができそうだ！」

「ちょっと金額を上げるよ！　50万円のお金が毎月勝手に、鷹幸くんの手元にやってくるとしよう！　しかも、そのお金は一時的ではなく、鷹幸くんがこの世から去るまでずっと

続くとしたらどうかな？」

「不労所得《ふろうしょとく》（自分が働かなくても得られる収入のこと）が入るってことだね！」

●**自分より無能な上司に指図されるのが嫌だ**
⬇生活に困らないから転職してもいいし、50万円で生活できるから、好きなことをすればいい！

●**上司と話すと、唾が飛ぶのが嫌だ**
⬇出世とか考えないので、上司の今後を思って注意する！

●**朝早く起きて、家の掃除機掛けが嫌だ**
⬇ハウスクリーニングに頼むことも可能！

●**夕飯がスーパーの弁当は嫌だ**
⬇外食でもいいし、デパ地下で惣菜も買える！

●**自分より有能そうな後輩が入ってきて嫌だ**

⬇毎月50万円の給与差は出るわけはないので、敵視することなく後輩に寛大に接する！

●**ビールではなく、発泡酒なのが嫌だ**

⬇ビールを制限なしで飲む。さらにワインにも手を出すかも！

●**妻の雅子に「お金がない！」と言われることが嫌だ**

⬇そもそも言われる筋合いがない！

●**通勤電車が混んでいて嫌だ**

⬇多少家賃が高くても、会社に近いところに引っ越すか、そもそも会社を辞めるかも！（笑）

●**髪の毛が薄いのが嫌だ**

⬇高級毛生え薬、カツラ、ＡＧＡの薬、ヘッドスパなど、髪の毛を増やす方法を何でも実践！

●家に自分の部屋がないのは嫌だ
⬇55㎡の2LDKから75㎡の3LDKに引っ越す！

「10個中、10個すべて解決できた！　50万円の不労所得、すごっ！」
「鷹幸くん、もう気づいたよね！　鷹幸くんの当面の目標は、毎月50万円の収入を給与以外で作ることだね！」

大神くんに感謝です。私の考える嫌なことや悩みは、お金があれば、すべて解決できてしまうのです。

今までお金で解決できないことが大半だと思って生きてきましたが、実際はほとんどのこと（私で言えばすべて）は、お金がある程度あれば、解決できるのです。

鷹幸の中の『鷹』が、大空に向かって羽ばたく準備を始めました。

非現実を味わってみる

「鷹幸くん、明日、東京に来てもらえるかな?」

「ちょっと急だよ! 明日は家族でイオンモールに行く約束が……」

「これは師匠の言うことだから絶対ね! 来れなかったら、今までの話は『なし』だからね」

「それは……」


一瞬、「面倒だな、東京まではお金もかかるし、雅子が怒りそうだし……」などと頭をよぎりましたが、「ここで動かなければ一生変わらない」「厚子を秋本から奪還することはできない!」と、沸々《ふつふつ》と『コンビニドリップコーヒー事件』が思い出されました。


「急に仕事で東京出張になってしまった。ここで行かないとクビになるかもしれないんだ、ごめん……」

「クビにされたら生活に困るから、仕方ないので行ってきたら……」

無理やり、雅子の許可を取り、向かうことにしたのです。

「大神くん！　なんとか許可を取ったからいくよ！」

「そうこなくっちゃ。鷹幸くんは、お金を得るためのマインドはほとんど出来上がってるから、仕上げをしたいと思ってね。次の段階に来たんだよ！」

なるほど、ついにお金を増やす手法を教えてくれるのだなと、私は想像していました。

また、東京という妖艶《ようえん》な都市は万が一、億が一ということもあります。

こんなときのために、仕事の出張のたびにホテルでこっそりもらったクオカードや商品券を金券ショップですべて換金し、その現金をしっかりと握りしめて新幹線に飛び乗りました。

「いさむな！　我が鷹よ！　決戦はまだ先ぞ！」

と、はやる自分の中の『鷹』をなだめながら、いざ東京へと向かったのです。

「お金を増やす手法を学んできてね！」

ふと振り返ると、後ろから雅子と春子の応援が聞こえてくるようでした。

実際には、

「お土産《みやげ》を忘れないでね！」

と言っていたそうですが……。

15時に東京駅に着くと、大神くんに指定された六本木《ろっぽんぎ》駅近くのホテルにチェックインをし、集合時間の20時までゴロリと一眠りしました。

決してサボっているわけではなく、この一眠りも大神くんからの指示だったのです。

20時になると、ホテルのロビーに大神くんが待っていました。

東京行
壱万円
壱万円

「これからどこにいくの?」

と聞きましたが、大神くんは答えてくれません。

「行けばわかるから!」

一緒に歩きながら、「えっ、お金を増やす方法を教えてくれないの?」と一抹《いちまつ》の不安が頭をよぎりました。

しかし、そんな不安は一瞬で期待に変わったのです。

『鷹』が直感で言っています。

「風がくるぞ! とてつもなく大きな嵐がくるぞ!」

私たちは、六本木の中でもひときわ艶麗《えんれい》な空気をまとうエリアに入り込んでいました。

道行く女性は、全員良い香りがします。私の中の『鷹』がザワつき始めました。

『鷹』がドヤ顔で言いました。

「俺の直感は、当たりだ！」

大神くんの足が、とあるビルの前で止まりました。

このビルは、かの有名な六本木共同ビル！　通称『ロ〇ビル』です。ここまで来て、さすがにインターネットカフェで勉強するとか、ビリヤードをするとかはないだろうと思い、私の頭は勝手にフル回転し、様々な選択肢を排除していきます。

大神くんはビルの中に入り、私は置いて行かれないように嵐の中を必死についていきます。

「神様、仏様、大神様！　どうか、キャバクラでありますように！」

「鷹幸くん！　着いたよ！」

お店の前についたときには、嵐はやんで一筋の光がコチラに向かって伸びていました。

『鷹』が想像した期待は、確信に変わりました。そこは六本木で一番有名なキャバクラの扉の前でした。

鷹幸の中の『鷹』は狂喜乱舞《きょうきらんぶ》の様相です。

そこは、一介《いっかい》のメーカー勤務のサラリーマンでは決して足を踏み入れることは一生ない、禁断の花園《はなぞの》です。お店の前にいるだけでも、その圧倒的な存在感で押しつぶされそうです。

その重い扉の向こうから、すでに良い香りが漂ってきます。この扉を開けることは一生ないと思っていた私が、ついに禁断の花園の扉を開けようとしているのです。

さすがに、

「ここまで来て、『間違えた』はないよな……」

「大神くんが騙すことはないはずだ……」

と、どんどん選択肢を削除していきます。

「そんなところに立ってたら、ほかのお客さんの邪魔だよ！　入ろう！」

パンパカパーン！　待ってました！　これですよ！　これ！

『鷹』の顔つきが、一気に狩猟モードになったのです。

生まれてきて、よかった！　お父さん、お母さん、さらには祖父母よ、ありがとう！と心の中は、感謝の気持ちでいっぱいになりました。

そんな感動に浸っている横で、大神くんはあっさりと中に入っていきました。

このときの大神くんの行動、威風堂々《いふうどうどう》たる姿は、風神や雷神にダブって見えました。まさに神様、大神様です。

彼に寄り添ってお店の中に入ると、感動からの感動の連続でした。映画『タイタニック』を見たときよりも感動したと思います。

頭の中で、ふと幼少の頃に読み聞かせてもらった『浦島太郎《うらしまたろう》』の話を思い出しました。浦島太郎に出てきた竜宮城《りゅうぐうじょう》とは、このような場所なんでしょうね。

そりゃあ、太郎も時間を忘れてジジイになるまで乙姫《おとひめ》様と遊びますよね。タイやヒラメの舞い踊り状態です。言い換えると、ギャル系やアイドル系の舞い踊り状態です。
遊んだ詳細は、本書の内容から逸《そ》れるので割愛《かつあい》しますが、一言だけ言わせてください。

「竜宮城（男の楽園）は、実在する！！！」

私は興奮しきりの状態でしたが、大神くんは落ち着いていました。コチラのお店にも何度か来たことがあるのだろうという常連の雰囲気です。

「大神様！　キープボトルでございます」

と、ボーイのお兄さんが数本の高そうなブランデーや焼酎《しょうちゅう》を持ってきました。お酒には『大神』と書かれたタグがぶら下がっています。
神より偉大な大神くんは、さすが過ぎます。キープボトルまで置いているのです。

「鷹幸くん！　今日は楽しんでる？」
「うん！　うん！　すごく楽しいよ！」

大神
大神

私は感動のあまり今にも涙が出そうでした。

大神くんは、今まで見たことのない景色を見ることで、自分のなりたい本当の姿が見えてくることを私に教えるため、六本木のキャバクラに連れて来てくれたのです。言わば、勉強のためです。

まぁ、私も薄々はそうなんだろうなとは思っていましたが（笑）。

大神くんに、なぜ私がキャバクラに行くと感動すると思ったのか聞いたところ、同窓会のときに、スマホでキャバクラの評判記事を見ていたのをコッソリ見つけたそうです。

この日を境に、私は大神くんのことを『マスター（師匠）』と呼ぶことに決めました。

そして私は、マスターの『弟子（パダワン）』になったのです。

大神師匠の解説

自分は最高だと思う！

「本編では、自分を知ることで、自分に向いているお金の増やし方がわかることを話したよね！」

「恥ずかしながら、自分に向いてないことばかりしていました……。だって、自分の性格なんて、よくわからないですし、なんか好きになれない性格なので……」

「自分を否定したらダメだよ！　鷹幸くんは、自己肯定感《じここうていかん》がちょっと低いかもしれないね！　自分を知ることと同じくらい大切なことが、『自己肯定感を高める』ってことなんだ！」

自己肯定感とは？

- 自分は最高だ
- 自分はありのままでいい
- 自分なら、なんとかなる

といった感覚のこと。

「それ、外で言っていたら恥ずかしくないですか？　ちょっとイタイ人に見られませんかね？」

「喝っ！！！　他人の目線なんて気にするな！　他人が鷹幸くんのために何かしてくれるのかな？」

「師匠には従いますけど、どうしたら自己肯定感は高められるんですか？」

「超絶簡単だよ！　苦手なことに挑戦しないこと、たったそれだけ！　苦手なことや嫌なことからは、逃げちゃえばいいってわけ！」

「えぇっ！！　逃げていいんですか？　逃げていいなら、気持ちが楽になるな！」

「だから、自分を知って苦手なことをそもそもしないことが大切なんだ！　得意なことや

自己肯定感を高める方法

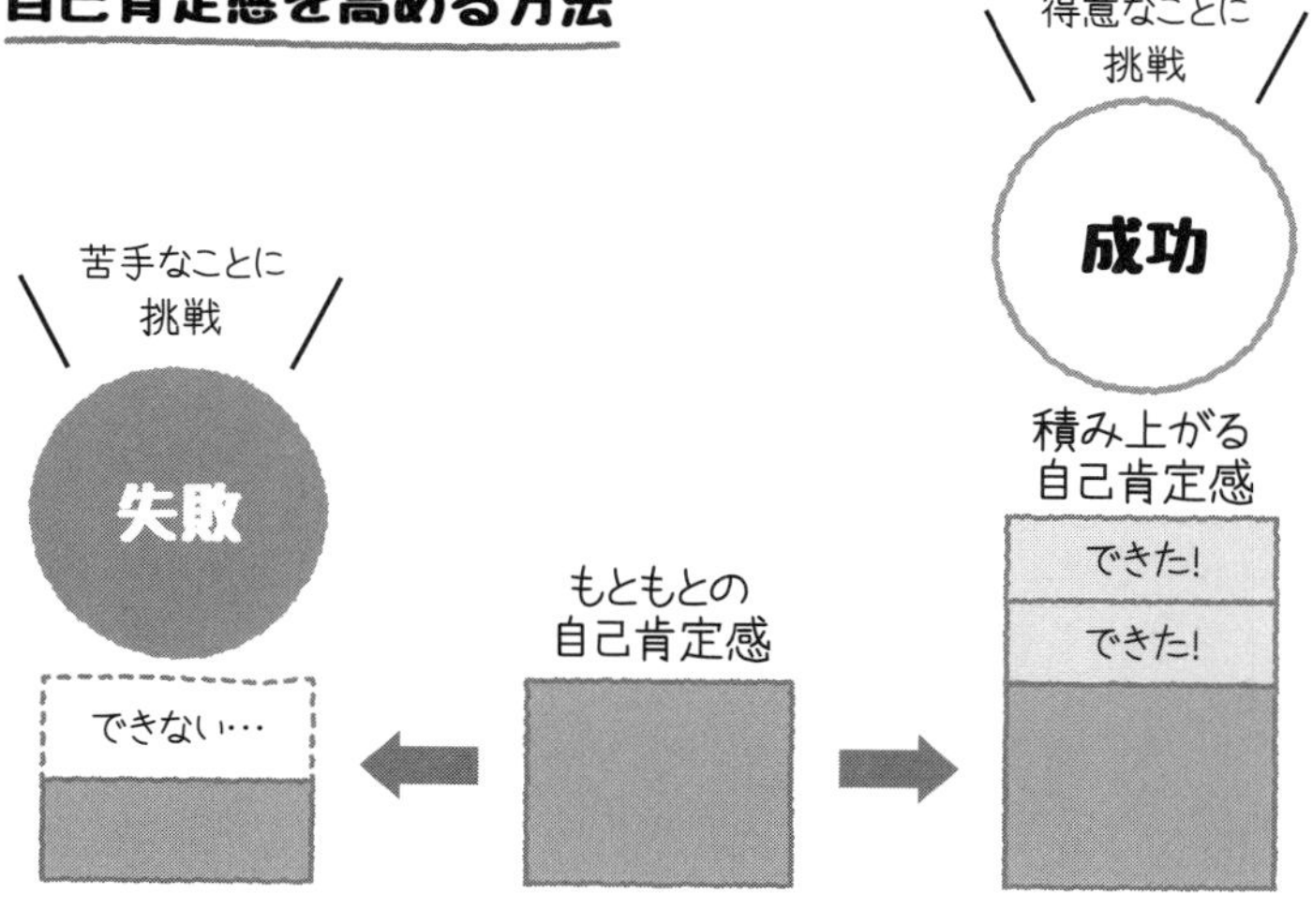

好きなことをしていれば、勝手に自己肯定感は高まるものなんだよ！」

「確かに！　好きなことばっかりしている芸能人って、みんな『自分のこと最高！』って思ってますよね」

「そのイメージはいいね！」

「ありがとうございます！　最高な自分が

浮気するのが悪いのではなく、俺様に寄ってくる女が悪いと思ってそうだなとか、ナルシストで自分が最高だから、ついつい所作《しょさ》もカッコよくしないといけないと思ってそうだなと……」

自己肯定感を高めるとどうなるのか？

・ストレスに強くなる
・人間関係がうまくいく
・他人の視線が気にならない
・他人に助けてもらえる
・ラッキーが舞い込む

といいことだらけ！

「『逃げるが勝ち』は、正しいことわざなんだ！」

逃げろ！ そなたは素晴らしい

「それって、ものの○姫じゃん……」

第3章のまとめ

自分を知って
苦手なことから逃げる

自己肯定感が高まって、
いいことだらけになる

第4章

自動化の夜明け

信じる力

「マスター大神、溢れ出るお金への情熱で身を焦《こが》がしそうです！　次は、何をしたらよいでしょうか？　早く早く、プリーズ・ギブ・ミー・マネー！」

「鷹幸くん、顔つきが変わったね。本気の男の顔だね！　でも、ギブ・ミー・マネーだと『お金、ちょうだい』だから、ゲット・マネーが正しいかな？　でもまぁ、どっちでもいっか……。やる気が大切だからね！」

「マスター、ありがたきお言葉、感謝します！　御指導《ごしどう》、御鞭撻《ごべんたつ》のほど、よろしくお願いします！」

「ギブ・ミー・マネー！　ギブ・ミー・マネー！！　ギブ・ミー・マネー！！！」

この日をきっかけに私は、毎月東京に足を運び、マスターから教えを乞いました。

「鷹幸くんのための、お金を増やすことができるロードマップをお見せしよう！」

鷹幸くんの勝手にお金が増えるロードマップはこれだ！

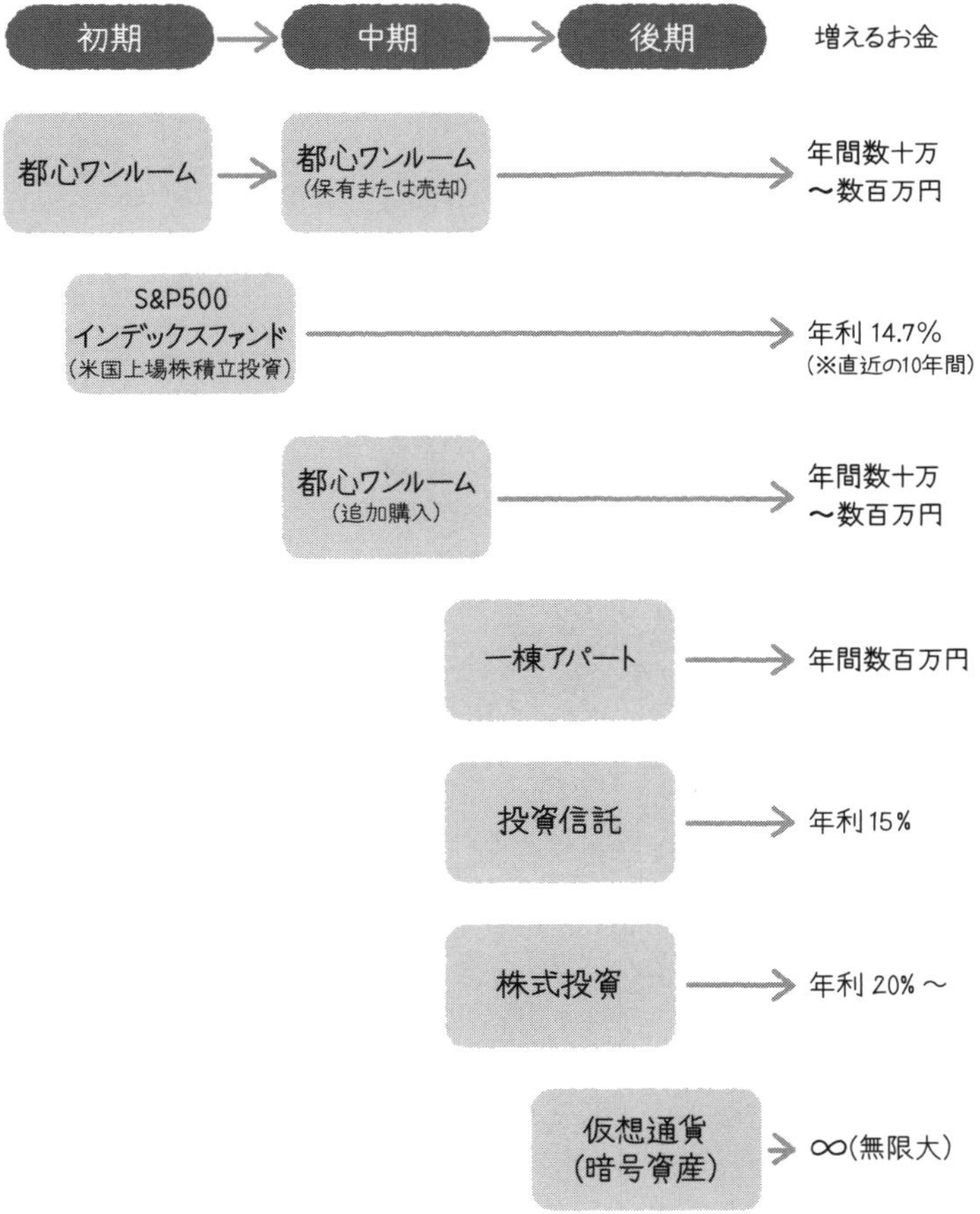

※個人個人で投資タイミングが変わります。
あくまでも鷹幸の事例です。

「ロードマップは、人の性格や置かれている境遇、資産状況によって十人十色なんだ！
鷹幸くんの状況は事前に聞いてるから、この通りに実践すれば、確実にお金を増やすことができるよ！」

そう言って見せてくれたマスター大神作成の「鷹幸専用ロードマップ」は、非常にシンプルでした。

最初に小型の不動産を持つ、次に金融商品を持つ、さらに資産拡大のために大型の不動産を持つというだけです。

これにより、資産はどんどん増えていき、自分の目標に到達したら投資はやめて、その資金を生活や趣味など自由に使えばいいというのです。

実に論理的で、個人個人の能力や運に左右されることがない手法です。

その代わり、「持つ順番と購入する商品を間違えると、スピーディーにお金を増やすことができないから注意するように！」と言うことでした。

しかも、やることは特に何もなく、サラリーマンをしていれば、十二分に可能で簡単なんです。

私のような面倒くさがり屋でもまったく問題なく、社会人として会社に毎日出社できる能力があれば大丈夫です。

「マスター！　疑問に思ったのですが、なぜにこの手法を多くの人は実践しないのでしょうか？　話を聞けば聞くほど、シンプルで私のようにそれほど能力値が高くない人間でもできる方法だと思います。毎日出社できる能力があればできるとは……。正直、中学生でもできる気がしました！」

私は、こんなに簡単なことでお金が増えるのか、本気で疑問に思ったのです。

「鷹幸くん、信じる力って聞いたことないかな？　昔からのことわざで、『病《やまい》は気から』『信じるものは、救われる』とか聞いたことないかな？」

「聞いたことがあります。自分が病気だと思い続けたら、本当に病気になってしまったとか、うつ病とかも自分の居場所がないと思い込んだり、自分は嫌われていると思い込むとなると言いますもんね」

「それだね！　逆にポジティブな方向だと『プラシーボ効果』と言うんだ。薬ではないデンプン粉などを薬だと思い込ませて、治療に用いる自然療法が有名だよね。患者は、薬だと信じ込むことでデンプン粉（偽薬）を飲んでいるうちに、本当に病気が治るんだよ！」

「あっ、私にもその経験あります。学生時代に友人とご飯に行ったんですが、正直、相当飲むやつで……焼酎のロックばかり頼むんです……。会計は割り勘なのでご飯代（お酒代）がかさみそうだったんです」

私は、学生時代の出来事をふっと思い出しました。

「奴は酔ってきてたので、焼酎に内緒で水を入れてロックということにしたんです。それでもロックだと思って飲んで、さらに酔うんです（笑）。面白くなってきたんで、最後は水と氷だけにしたんですが、気づかずに『焼酎ロックは効くね！』と喜んでいました！」

「鷹幸くん、それだよ！ 水をお酒だと思い込む。それこそ、まさに『プラシーボ効果』だね！ 信じる力は、懐疑《かいぎ》的だとうまく働かない。人間の脳は、信じきることで秘められた能力を発揮するようにできているんだ。そして信じる人には、周りがどんどん手を差し伸べてくる！」

「ただ真似るだけじゃあ、ダメなんですね！」

「私がこの投資手法を教えたとしても、この手法を、そして、私のことを信じ続けなければ、絶対に成功はありえないってことなんだ！」

「信じない人が多いんですか？」

「鷹幸くんもちょっと疑問に思ったよね？　言い換えれば、疑心暗鬼《ぎしんあんき》になったんだよ」

「マスター……、すいません、その通りです」

私は、深々と頭を下げました。マスター（師匠）を崇めると決めたにも関わらず、すぐに疑ってしまった、そんな自分が恥ずかしかったのです。

私の好きな映画『スターウォーズ』のワンシーンで、Xウィングを持ち上げたヨーダに驚くルークと、そのヨーダの返事のシーンを思い出しました。

ルーク・スカイウォーカーが、

「I don't... I don't believe it.（信じられません）」

と言うと、

「That is why you fail.（だから失敗したのじゃ）」

とマスター・ヨーダが答える場面です。

フォースを信じないで、何を信ずるのだということです。信じれば、「フォースは共にある」ので、ルークを導いてくれるのです。

私がルークだとすると、大神くんがマスター・ヨーダで、大神くんが教えてくれる手法がフォースです。

マスター大神が言うには、手法を教えても、ほとんどの人は師匠に対して疑心暗鬼になって、ダークサイドに堕ちる（現状を変えることができない）そうです。

- 本当にうまくいくのかな？
- もっと近道がないかな？
- もっと早く成功する方法はないかな？
- 大神さんって信じられる人なのかな？
- この手法は嘘だ！

といった具合で、せっかくお金が増える『動く歩道』に乗ったとしても、自ら降りたり、動かないように抗《あらが》ったり、先に行こうと動きすぎたり、あげくには逆走し始めると言います。

● **自ら降りる**
⬇行き先不明となる

● **動かないように抗う**
⬇現状維持となる

● **先に行こうと動き出す**
⬇危険な投資に手を出す

● **逆走する**
⬇今よりも悪化する

先ほどの私の発言もそうですが、人間の心は非常に弱く、一度決めたことでもすぐに近くにいる人やネットなどの情報に影響されてしまいます。

影響について、具体的に見ていきましょう。

あなたは自分の周囲にいる人や環境によって、心地良さ、食べ物の味といった感覚が、大きく変わるという事実を経験したことがあるはずです。

仲の良い学生時代からの仲間とビアガーデンで飲むビールと、嫌いな上司がウジャウジャいる会社の飲み会で飲むビールでは、たとえ、それがまったく同じビールだったとしても、味は異なりますよね。後者のビールは、不味《まず》いはずです。

「この『動く歩道』の手法を信じていても、会社の同僚や家族と一緒に過ごしているとだんだん信じられなくなってしまう。これが影響を受けると言うことだ！」

「周りの人をすぐに変えることは難しいです……。どうすればいいんでしょうか？」

「手法を実践するときは、何も考えずに淡々とやることが大切なんだ。叔父さんには『警察犬になれ』って言われたんだけど、その通りだと思う」

『警察犬になれ』とは、警察犬は主人の命令には忠実に従い、言われたことしかやらないということです。

目標に到達するまではマスター（師匠）の言う通りに、何も考えずにいることが大切という意味です。

「正直に言って、この手法は、鷹幸くんが言う通り『動く歩道』なんだ。何もしないで乗っていれば勝手に目的地に着くんだよ。でも、勝手に動くことが一番の問題なんだ。動くなと言うと、動きたくなるのが人間の性《さが》だからね！」

「だから、世の中の多くの人がお金を増やすことができないんですね！」

「その通り！　師匠の言う通りに信じて実践すれば、後は自動的にお金がお金を増やしてくれるから！」

「マスター！　動かなくても自動的になんて、めちゃくちゃ良い響きですね！　自動化！　勝手に増える！　なんだかワクワクしますね！」

「ではさっそく実践していこう！　仕組みを作れば自動的にお金は増えるだけだから！」

鷹幸の中の『鷹』は、信じるべき鷹匠《たかじょう》（鷹使い）と出会いました。

師匠の懐事情を聞く

自動化に成功してお金を増やしているマスター（師匠）の懐《ふところ》事情は、どのような状態か気になったので聞いてみました。

師匠は、不動産投資で年間800万円の家賃収入、金融商品から年間580万円の収入がありました。ローンの返済や税金などを差し引いた実手取り額です。

年間の不労所得金額は1380万円で、115万円／月の収入です。同い歳なのに、私とは4倍以上の収入格差とは、恐るべしマスター大神です！

マスター大神もサラリーマンなので、サラリーマンの給与を足すと、もっと差は開きます。

「マスター、すごすぎです！　私にも本当にできるんでしょうか？」

「鷹幸くん！　簡単にできるから安心しなよ！」

マスターによると、あっという間に目標の毎月50万円の収入になると言われました。しかも、リスクはないとのことです。一般常識では考えられません！

年収500万円のサラリーマンが毎月50万円の収入アップを目指そうとしたら？

- 出世しまくる（10年以上はかかりそう……）
- 成果主義の会社に転職（つらそうだし不安定）
- 基本給がやたら高い会社に転職（詐欺会社やアングラ会社の出し子・受け子）
- カラーコピー機でお札を50枚印刷（犯罪で捕まります）

くらいしか方法はないでしょう。副業という選択肢も出てきそうですが、面倒なのが嫌いな私のような人間には継続は不可能ですよね。

私の会社では、毎月50万円の収入を目指そうとしたら、課長以上にならなければいけません。課長の試験を受けられるのが最短でも40歳前後です。10年以上待たないといけません。

しかもその間に、課長試験を受けられるように、上司や人事への評価を高めるための根《ね》回《まわ》しが必要です。

たとえ、根回しをしたとしても、40歳のタイミングのときの上司と相性が悪ければ、昇進試験の推薦をしてもらえません。さらに同じ営業所に同期がいたら、どちらか一人しか試験は受けられません。

まぁ、はっきり言ってめちゃくちゃ不公平です。勤めている会社で同期全員が課長になることなんてありません。

会社は、そもそもピラミッド社会になっています。社長がたくさんいるとかないですからね。

マスターは、一介のサラリーマンでありながら、六本木にあるタワーマンションに住んでいました。

東京で働いてる友人はたくさんいますが、六本木に住める友人は一人もいなかったため、住んでる場所を聞いたときは耳を疑いました。

私のようなサラリーマンの給与がきれいに吹き飛ぶレベルの家賃です。

「マスターは、なんで六本木のタワーマンションに住んでいるんですか？」

私なら、その家賃を自分の欲望のために使ってしまいそうだったので、どんな意図なのか確認しました。

「良い家に住むと、運気もお金も舞い込んでくるんだよ！　ここに引っ越してからお金の増え方も倍以上になったから、家賃分は余裕でペイできてるんだ！　しかも、女子を呼ぶときに圧倒的に有利なんだ！　みんな来たがるからね、タワマンは！」

さすがはマスター大神です。女子にも精通しています。お金だけではなく人生の手本になるような人物です。

独身のマスターは、会社での飲み会や集まりには一切参加しないそうです。その時間があれば、家でゆっくり映画を見たり、仲の良い友人と食事に行ったり、女子と遊ぶそうです。

「出世とか、生活のためと思って会社に行ってないからね！　生活のリズムを作るために働いているから、周りに何を言われても気にしてないんだよ！」

カッコよすぎです！　マスター大神は、生き様も絵になります。ハードボイルドです。

高校時代は冴《さ》えない奴だと思っていましたが、撤回《てっかい》します。

マスター大神は、カッコいいです！　モテるのも納得です。

私もマスターまでではないにしろ、カッコよくなる！　そして女子からモテてやると自分に誓いました。

「モテ王に！！！　俺はなるっ！！！！」

目標が決まった鷹幸の中の『鷹』の眼光は、険しさを増してきました。

大神師匠の解説

攻略本を手に入れろ！

「鷹幸くんは、RPG（ロール・プレイング・ゲーム）を買ったら、どんなふうに楽しむかな？」

①好きなように冒険に出る
②先に攻略本の情報を見てから、冒険に出る

「①がほとんどですね。適当にプレイして、途中で行き詰まったら諦めます。で……途中で諦めて放置してる『ドラクエ』『FF（ファイナル・ファンタジー）』『アークザラッド』『ゼルダ』『キングダムハーツ』『テイルズ オブ デスティニー』……たくさんありますね」

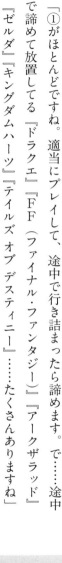

「『テイルズ オブ デスティニー』って懐かしいね！ 主題歌がDEEN《ディーン》の『夢であるように』だったよね！ あれは心に染みる名曲だよね」

「師匠、話が逸れてますよ！」

「こりゃまた失敬《しっけい》！ 鷹幸くんは、なんで攻略本を見ないのかな？」

「だって攻略本って、高いじゃないですか」

「そこもお金かいっ！！　途中で諦めてしまうよりも、エンディングまで見たほうがやりがいあるし、感動もするのにね……」

「わかってますよ。ＦＦⅦは、攻略本を友だちにもらってからプレイしたら最高に楽しかったです！　クラウドがアルテマウェポンを入手したときは、最高に感動でした！」

「お金を増やすのもＲＰＧと一緒だから！　先に攻略のためのロードマップを手に入れてから冒険しよう！　これが、鷹幸くんのためのお金を増やす最強ロードマップだ！！」

鷹幸スペック！（2014年時点）

名前：加藤 鷹幸
年齢：29歳
職業：メーカーの営業
年収：450万円
家族構成：妻（専業主婦）、長女
住まい：社宅で家賃4万円負担
貯金：400万円（妻の管理下なので自由に使えない）
保有資産：持ち株30万円
保険：生命保険と医療保険で毎月3・5万円の支払い

鷹幸くんの勝手にお金が増えるロードマップはこれだ！

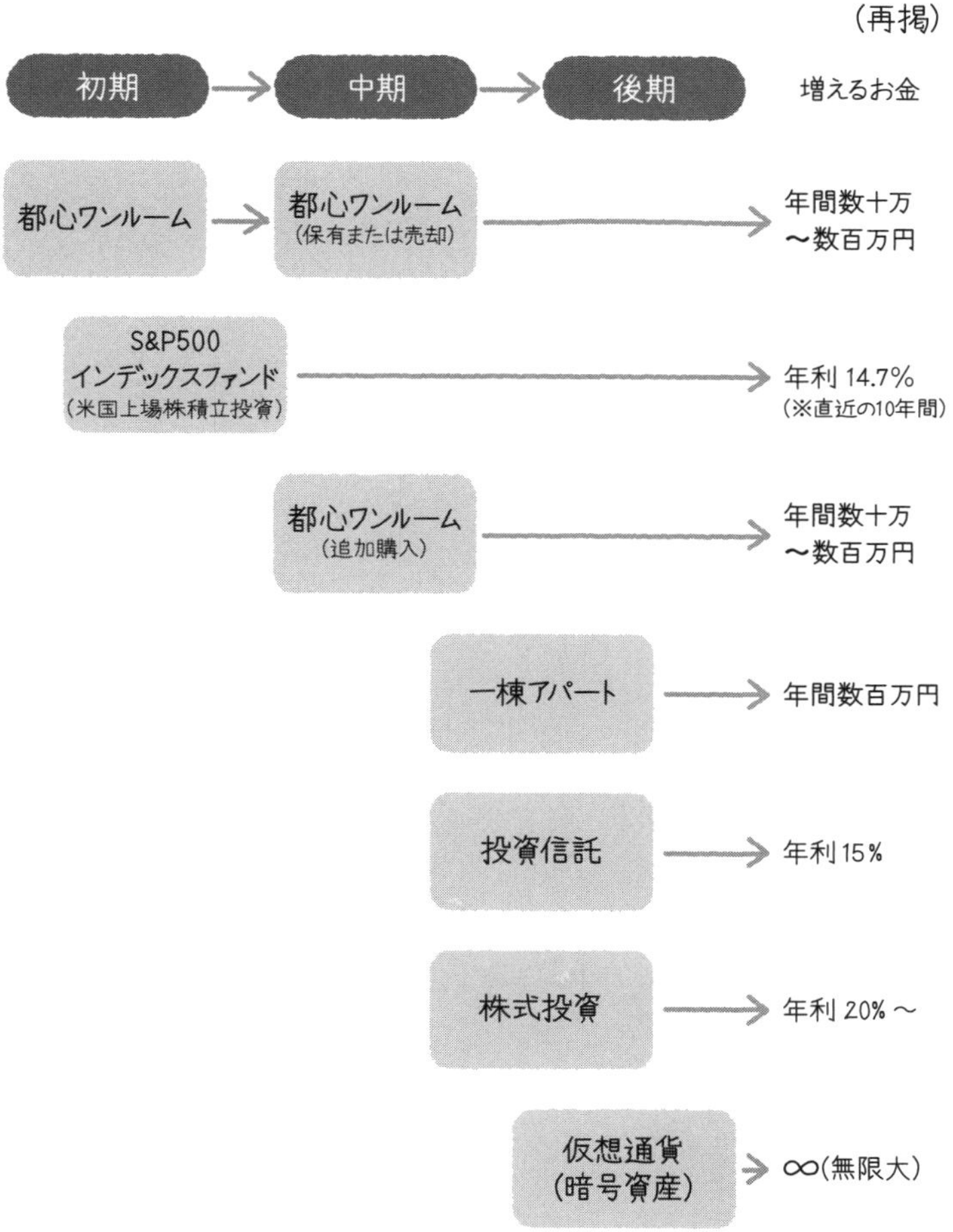

※個人個人で投資タイミングが変わります。
あくまでも鷹幸の事例です。

「最初にワンルームマンションじゃなくて、1棟アパートに行けば一気にゴールじゃないですか？」

「このたわけ者！　もちろん、最初に1棟アパートから初めて成功する人はたくさんいる。だけど、鷹幸くんはそのタイプじゃないね。師匠の言うことを聞かないと、痛い目にあうよ！！」

「すいませんでした……」

「なぜ、鷹幸くんが最初にワンルームマンションなのかは、理由がある！　後で解説するね！」

「はい！　かしこまりです！」

第4章のまとめ

自分に合ったロードマップ
の通りに行動

自動的にお金が増える仕組み
（動く歩道）の完成

第5章

自動化絶好調!!

動く歩道はどんどん進むよ！　どこまでも

「まずは鷹幸くん専用ロードマップの最初にあるように、ワンルームマンションを購入しよう！」

「かしこまりです！」

ワンルームマンションは、世間的なイメージとは裏腹《うらはら》に、実際はそれだけでも十分収益が出ます。

もちろん、マスターのお墨付《すみつ》きの物件に限りますが。

●**数十年経ったとしても、価値が下がりにくい**

⬇保有後の売却益を狙える

●**生命保険やがん保険・収入補償がついている**

⬇現在加入している保険を解約でき、毎月の支払いが浮く

● **節税効果がある**

⬇手元に返される税金がある

● **毎月の家賃収入がある**

⬇エリアにはよるが、毎月の収入を得られる

といったようにメリットがたくさんあります。

しかも、購入に関して、手出し（頭金）はほとんどありません。1〜10万円の手出しで購入が可能な場合もあります。

売却益は、ワンルームマンションなどの不動産を売却して得た金額から、不動産を購入した際にかかった費用と、売却するためにかかった費用を差し引いた金額です。

この売却益に関しては、ほとんどの人が利益を得ていても、他人には内緒にしているケースが多く（サラリーマンは、投資の話をすると人事評価が下がる可能性があるので言いづらい）、実態はなかなか表に出てきません。

私も2014年に買った物件を2019年に売却しましたが、約550万円の売却益がありました。その間に空室もなく、節税効果と家賃収入があった状態での、プラスの売却益です。

手出しはほとんどなく、毎月プラスの家賃収入、節税でお金が入ってくる、売却したら550万円が手に入るのにノーリスク……って、普通に話を聞いていたら、信じられない話ですよね。

しかし、現実にはあるんです。それがワンルームマンション投資なのです。

(この話には、後日談がありまして、仮に2022年まで保有して売却していたら、売却益は1200万円ほどになっていました。タラレバですが、もう少し保有しておけば……)

私は、マスター大神に言われるがまま、6月からマスターから紹介してもらった、おすすめの不動産業者さんと面談し、8月8日に契約をしました。末広《すえひろ》がりのおめでたい日です。

ついに行動して、お金を増やす第一歩の結果を残すことができました。

不動産ということで、最初は手続きとか面倒かなと思っていましたが、想像以上に簡単で拍子《ひょうし》抜けでした。

不動産業者さんはマスターの紹介ということもあってか、とても親切に対応してくれ、通常だと出てこないような掘り出し物件を持ってきてくれました。

また、頭金など必要かと思っていたのですが、マスターの紹介なので、手出しもなく、購入が可能になったのです。

しかも、不動産業者の社長が決算前で経費を使わないといけないということで、西麻布《にしあざぶ》にあるアイドルの卵がいるという会員制のラウンジに連れて行ってくれました。

私としても、芸能人の卵がどのようなマインドで働いているのか興味があったので、ヤブサカではありません。

本書とは関係のない話なので割愛しますが、竜宮城のカムバックでした。私と話をした凛《りん》ちゃんがその後、テレビに出ていました。芸能人と接する良い人生経験にもなりました。

その後、不動産を買い進め、年内に4物件のオーナーとなりました。

「鷹幸くんは、生命保険に入っていたりする？」

4物件のオーナーになった私に、マスター大神からの電話が入りました。

「はいマスター！　現在は、私が死んだら家族に5000万円入る保険と、私が働けなくなったときに家族に支払われる収入補償と子供のための学資保険、あと入院保障などの医療保険、それに老後のための個人年金保険に入っています」

「鷹幸くんは、毎月、いくらほど保険代を払ってるの？」

「ざっくり3万～4万円の間だったと思います」

「ワンルームを買ったから、いらない保険は解約しちゃおう！」

「えっ？　そんなこと可能なんですか？」

「ワンルームを購入すると、団体信用《だんたいしんよう》生命保険という生命保険がついてくるんだよ！　そして、その中には三大疾病《しっぺい》やガンになるとローンがチャラになる特約もあったりするよ」

「すごい！　解約すれば毎月のお金が浮きますよ！」

「その通り！　ワンルームマンション投資を理解しているFP（ファイナンシャル・プランナー）は数少ないから紹介するよ！　見直してもらうといいよ」

ワンルームマンション投資のすごいところは、生命保険機能もついていることです。

購入者である私が死んだ場合は、保険が下りてローンはなくなります。しかも、三大疾病（ガン・急性心筋梗塞《しんきんこうそく》・脳卒中《のうそっちゅう》）保証やガン特約もついています。ガンと診断されれば、ローンがなくなるという内容です。生命保険に入っている方であれば、解約することも可能になるわけです。

私の場合だと、不動産購入後に保険をマスター大神お抱えのFPさんに見直してもらい、毎月3万円ほどのコストカットに成功しました。保険の解約や加入も簡単ですね。FPさんが対応してくれたので、あっという間に終わります。住民票の異動よりも簡単です。

マスター大神の投資手法は、基本的に何もしなくても大丈夫な自動化です。ワンルームマンションも保険のように一度購入して手続きをすれば、基本的にすることは何もありません。

放ったらかしで、勝手にお金を作ってくれます。

「鷹幸くん、保険の見直しで毎月3万円が浮いたよね！　このお金はどうするつもり？」

「鷹幸専用ロードマップにあるように、すぐに金融商品に投資したいのですが……、使える現金が手元にないので、貯金に回そうかなって……」

「ロードマップの隅々《すみずみ》までちゃんと見てるかな？」

「はっ！　申し訳ございません。『S&P《エスアンドピー》500インデックスファンド（米国上場株積立投資）』と書いてあります」

「その通り！『米国上場株連動型の投資信託《とうししんたく》（S&P500インデックスファンド）』を銀行の預金口座だと思って毎月積み立てておけば、平均利回り14・7％／年（2012年〜2021年の過去10年間）で増えていくから、銀行預金の金利よりも圧倒的にお金が増えるんだよ」

投資信託とは、投資信託会社が集めたお金を値動きのある資産（株や債券、不動産など）に投資して運用する仕組みです。ただ、注意しておきたい点としては、投資信託は元本（元手となるお金のこと）が保証されていません。そのため、どのような投資信託の商品を選ぶかが重要になります。

例えば、S&P500インデックスファンド（米国上場株積立投資）は、米国の主要企業500社を対象に算出される株価指数（「S&P500種指数」と言います）をベンチマークとして、これに連動した運用を目指す投資信託になります。

インデックスとは「指数」、ファンドとは「投資信託」のことで、S&P500インデックスファンドを購入するだけで、米国の主要企業500社に投資しているのと同じ効果が期待できます。

平均利回りは、直近の10年間は上げ相場が続いていているので14・7%／年、過去30年間の平均利回りは約10・0%／年とされています。銀行の普通預金の金利0・001%／年に比べたら、圧倒的な利回りです。

米国は人口も日本と違って若者が多く、人口ピラミッドが日本のように『つぼ型』ではなく『つりがね型』なのです。ということは将来的な成長も見込めるので、株価は年々、堅調に上がることが予想されます。

過去には、ITバブルの崩壊やリーマンショックなど、世界的な経済危機の際に利回りが一時的に低迷することもありましたが、その後は米国の良好な経済状況を反映して、力強い成長を続けています。

例えば、S&P500インデクスファンドの今後の平均利回りを10・0%/年と仮定した場合、毎月3万円を積み立てると、3年経つと約131万円、5年だと約242万円に、10年では約631万円になります。

老後の2000万円問題であれば、19年で2026万円となり、問題を解決できるだけの破壊力があります。

私は毎月50万円のお金が自動的に欲しいので、これだけでは足りませんが、老後の不安解消だけであれば、『ワンルームマンション投資+米国上場株の積立投資』だけで2000万円どころか、ゆとりある老後生活は可能になりますね。

30歳からワンルームマンション投資4部屋+毎月3万円の米国上場株積立投資を始めて定年(65歳と仮定)まで続けたら、ワンルームは毎月7万円×4部屋=28万円/月の収入と、現金で1億円ほどが手元に残る計算となります。

120歳まで生きても、大丈夫なわけです。

もう将来の勝ちパターンは、見えていますね。

ボーナスがもう1回やってくる！

「鷹幸くん！　ワンルームを持っているサラリーマンは、ボーナスが1回増えるって業界では言われてるんだけども、知ってる？」

「いえ、知らないです」


最初は、どの業界かわかりませんでしたが、後になってわかったのはマスター大神のように自動的にお金を得ているサラリーマンのことを『業界人』と言うようです。

六本木や西麻布、はたまた歌舞伎町《かぶきちょう》界隈には、会社に勤めながら自動化で投資収入を得ている、『サラリーマン業界人』の出入りが多いそうです。経営者だけが楽しむ場所ではなかったんですね。

『サラリーマン業界人』は、会社員という身分を隠して遊ぶそうなので、実態はあまり世間には知られていないのです。

「ワンルームを保有していると、手元に税金が戻ってくるんだよ！　そして、毎月の手取り給与が増えちゃうんだよね！」

2015年の2月にマスター大神と電話しながら、確定申告《かくていしんこく》（年末調整みたいなもの）をしました。不動産投資は不思議なもので、毎月黒字があっても様々な経費が計上できるので赤字とすることができます。

これはズルや不正ではなく、正当な行為なんです。だから金持ちたちは、不動産を保有してるんですね。

私の直感がピンと反応しました。

確定申告をすると、税金で払ったはずのお金が戻ってきます。しかも数十万円も！　さらに翌年の住民税も減額になるので、毎月の給与もアップします。

不動産投資で毎月黒字のお金を享受しながら、なぜか確定申告で税金のお金が戻ってくるという、錬金術《れんきんじゅつ》を体験したのです。

これは知ってる人と知らない人では、生涯で見たらとてつもない金額の収入差が出ると思いました。

ざっと計算しても、数千万円は差がつくはずです。

手続きは、転職活動で使う職務経歴書《しょくむけいれきしょ》や、クレジットカードの申請よりも簡単でした。

「ちなみに、戻ってくる税金の振込先は自由に決められるから！」

「おぉ、マスター大神！　まさに神！　これは雅子にバレないように、給与口座ではなく別の口座を指定します！」

私はこれで、『勇者の証《あかし》』という名のへソクリを、雅子に内緒で手に入れたのです。

鷹幸の中の『鷹』は、爪を磨き大空に繰り出す準備段階に入りました！

さぁ自動化の夜明け

マスター大神に言われるがまま、活動すること3年。2016年になりました。言われるがままと表現しましたが、やったことと言えばワンルームを買ったことと、米国上場株の積立投資だけです。後は何もしていません。

その間に、ワンルームは合計5件まで増えました。それだけです（笑）。本当に自動化ですね。『動く歩道』に乗っていただけです。

みるみるうちに家賃収入や積立投資、戻ってきた税金（断じてキャバクラなどには直接的には使っていません）などで手持ち資金は、600万円弱までに増えていました。給与が上がったこともあって、積立投資額を増やしたのです。

びっくりのスピードです。無駄な保険の見直しや定期預金をやめたのも良かったです。

投資を始めると、勝手に無駄なものへの浪費《ろうひ》がなくなるんですね。

雅子もお金が増えていく状況を横で見ているうちに、投資に積極的になってきました。今まで使っていたブランド化粧品を、成分は同じでも有名メーカーでない安価なものに代えたり、春子の小さくなって着られなくなった洋服をネットで販売して現金に変えるなど協力してくれました。お金を増やす行動で、一家が初めてまとまったような気がしました。

雅子と春子の私への態度も変わってきました。お金が増えていくのを家族3人で喜び、行動する決断をした私に対して優しくなり始めました。お金の力って本当にすごいですね。

この頃、マスター大神から号令が入りました。

「鷹幸くんの保有ワンルームと手持ち資金もかなり増えてきたね！　これだけあれば、次のステージにいけるね！」

「はい！　まだこれだけでは目標の毎月50万円を自動的に手に入れるまでに至っていません！　御指導、御鞭撻よろしくお願いします！」

「金融商品と1棟アパートをやってみよう！　これで毎月50万円は達成すると思うよ！」

「おおお！　ついに不労所得50万円ですね！」

私は、マスター大神に教えてもらった金融商品（投資信託・株式など）に投資し、都内近郊エリアのアパートを1棟購入しました。その後、アパートをもう1棟購入し、合計2棟のオーナーになったのです。

2017年には、金融商品から年間200万円ほどの売却益と配当、不動産からは年間450万円ほどの収益がありました。合計すると650万円になり、平均すると毎月54万円となりました。

「マスター！　目標達成です！　本当に感謝してもしきれません！！」

「鷹幸くん、キミは『お金』という自由になれる切符《きっぷ》を手にしたんだ！　この切符をどう使うかは、鷹幸くん次第だ。『お金』という切符は、人生を良くも悪くもする。これからの鷹幸くんの切符の使い方を楽しみに見ているよ！　卒業おめでとう！！」

私は涙が出そうで出ませんでしたが、電話の向こうのマスターに深々と一礼をしました。

「これからは、この切符を使って自由に生きていきます！」

「マスター大神！！！　長い間、お世話になりました！！！」

この達成までは、あっという間の出来事でした。なぜかって？

お金があるので、上司がおかしなことを言っていたら無視するか、意見することもできます。怖がらずに意見をしていたら、嫌いな係長を超えて部長に気に入られて、勝手にどんどん出世してしまいました。

また、雅子や春子の私に対する態度は、どんどん良くなっていきます。

- 給与も上がるわ
- 上司や同僚からは、1つ頭抜けて羨ましがられるわ
- 後輩からは、できる先輩として尊敬されるわ

本当に人生がいいことしかないので、一瞬の出来事のように感じたのです。

鷹幸の中の『鷹』は、ついに大空に飛び立つときが来たのです。

大神師匠の解説

自動化できる投資法　ワンルームマンション投資とは？

「鷹幸くんが最初に始めたワンルームマンション投資とは、どんな投資なのかをわかりやすく解説しよう。ワンルームマンション投資は、賃貸《ちんたい》用のワンルームマンションを購入し、それを希望者に貸し出すことで、毎月の家賃収入を得る投資手法なんだ」

「ほかの不動産投資との違いは、何ですか？」

「都心部で駅近の物件に投資をするから、空室リスクや家賃下落リスクがほとんどないのが特徴だね。個人の状況や物件にもよるけども、毎月、数千円から中には数万円プラスで物件から家賃収入が入ってくるんだ。また、数年保有すれば、売却益も狙える投資なんだ」

「いいとこ取りの投資なんですね！」

ワンルームマンション投資の図解

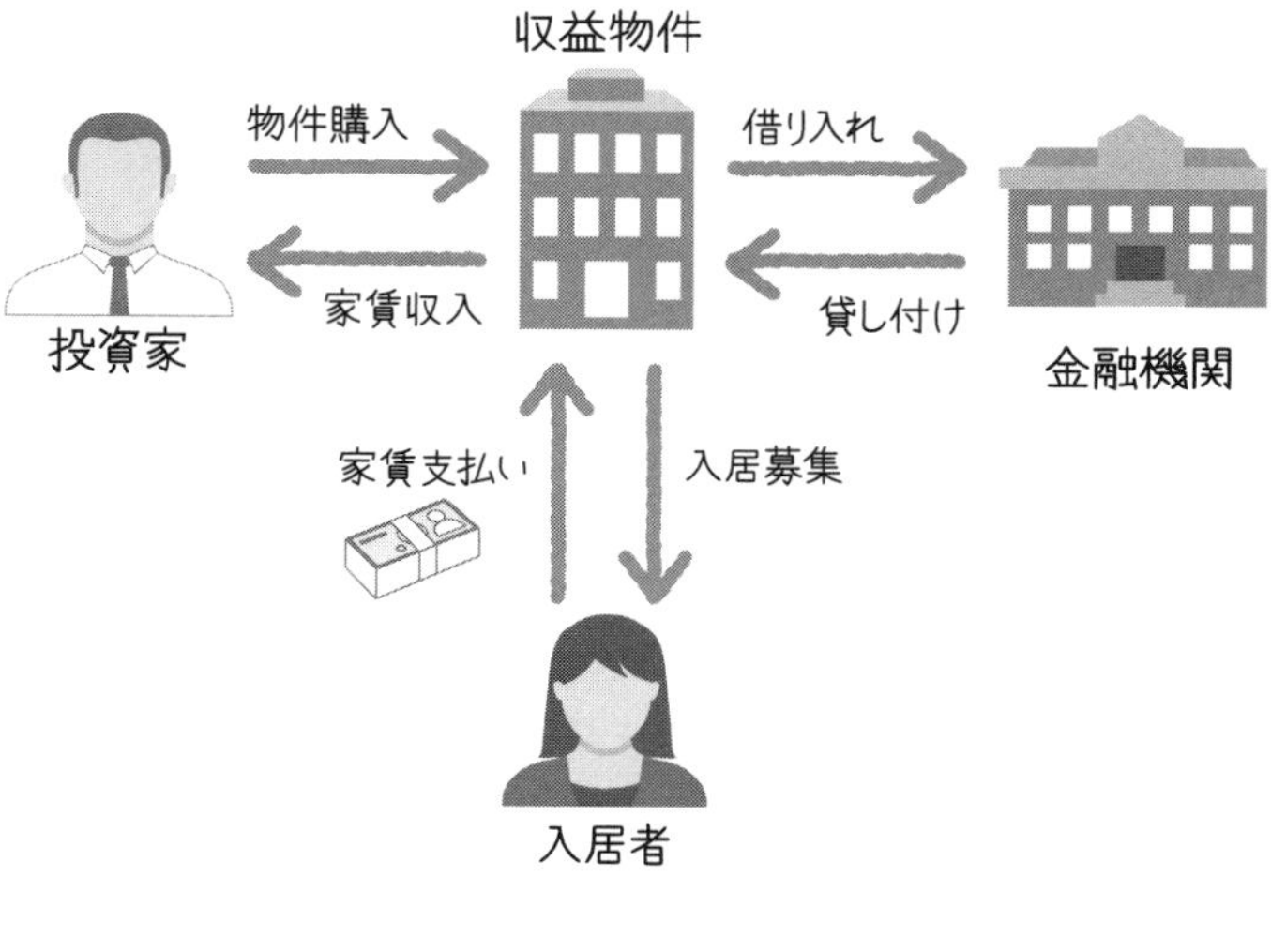

「ワンルームマンション投資の最大の魅力は、現金をほとんど使わずに始められる点なんだ。鷹幸くんは、貯金が４００万円あるよね。この４００万円は、投資にすぐ使えるのかな？」

「それは……無理です。妻の雅子が管理しているので、実績もないのに、相談しても却下《きゃっか》されます……」

「ということは、実質手持ち資金は０円ということだよね？」

「はい……。ヘソクリが15万円ほどはありますが……」

「であれば、手出し（頭金）がほとんど不要なワンルームから始めるしかないね！　状況にもよるけど、少しでも手持ち資金があって自由に使えるのであれば、いきなり1棟アパートや株式投資とかに進むのもアリ。ただ、アリなんだけど……」

「はい！　手持ち資金がないので、ワンルーム、買います！」

ワンルームマンション投資のメリット

- 家賃収入
- 節税
- 生命保険の代わり
- 学資保険の代わり

「今回、鷹幸くんが購入する物件は、2500万円ほどのものだね！　エリアにもよるけど、物件価格は1500万〜5000万円くらいと幅がある。広島と東京だと東京のほうが、地価が高いのは想像がつくよね？」

「はい！　転勤先で住んでいたこともあるので、なんとなくわかります！」

「2023年（令和5年）の都道府県別の公示地価《こうじかかく》は、東京23区で平均171万3654円/㎡、広島市で平均28万9978円/㎡と、約6・1倍の差があるんだ！」

「そんなに……。ちなみに今回の物件は、安く買えたんでしょうか？」

「喝っ！！！！　大切なのはそこではない！　安いかどうかの価格ばかり気にしていると後で痛い目にあうよ！」

ワンルームマンション投資で大切な3つのこと！

①物件は適正価格なのか？
②購入後も相談に乗ってくれる業者なのか？
③業者は、自社で物件を買い取ってくれるか？

「いくら安く買ったとしても、売却のときに悪徳《あくとく》業者に格安で買い取られたら意味ないよね。
また、いくら人当たりが良い営業マンでも、適正価格以上の物件を買わされたら意味ないよね」

「では、どうやって良い物件や業者を見つけたらいいんですか？　セミナーやたくさんの業者に会うことですか？」

「セミナーなんて行ったら、いいカモにされて粗悪品を買わされるだけだ。自分から業者に行くのもおすすめできないね。業者からしたら、カモがネギを背負って来てるようなものだよ！」

「だったら、どうしたらいいんですか？　初心者は良い物件を買えないんですか？」

「なんのために、僕はいるのかな？」

「あっ、師匠！　いい業者を教えてください！！！」

「その道で成功している人に、いい業者を紹介してもらって、提案された物件の良し悪し

を見てもらうのが一番だね！　僕が教えた人で、２０１３年に５戸ワンルームを買って、２０１９年に３戸を売却したんだよ！　どれくらい売却益があったと思う？」

「１戸あたり３００万円だとして、１０００万円くらいですか？」

「正解は、２４００万円！　買ったエリアが良かったのもあるけども、売ってくれた業者の腕が良かったよね！」

「す……すごい！　その人は２４００万円をその後、どうしたんですか？」

「彼はそのお金を使って、１棟アパートや戸建て投資をしているよ！　もちろん売却した直後にまた３戸のワンルームを買ってたね。手堅いワンルームでお金をもらいながら、無駄な出費も削減して投資の原資を作っていこう！　原資ができれば、その後は一気に拡がるから！」

1棟アパート投資とは？

「１棟アパート投資って、どんな投資なんですか？　難しいんですかね？」

「アパート投資の仕組みは、ワンルームとほとんど同じなんだ。大きく異なる点は、建物が木造や軽量鉄骨で割安だから、毎月の家賃収入が大きくなる点だね！　その代わり、年収450万円の鷹幸くんだと、多少の頭金が必要になってくるんだ！」

「だから、ワンルームの家賃収入や節税効果や保険見直しで、手持ち資金を作るってことですね！」

「それと、ワンルームの美味しさは、さっき話したように、売却益が簡単に狙えることなんだ！　価格が安くて流動性が高いワンルームは、3日もあれば現金化できる！」

「えっ！　そんなに早く現金化できるんですか！」

「1棟アパートは、良い物件が出ると取り合いになるから、手付金を早く払ったもの勝ちとなるんだ！　とすると、良い物件が出てきたら、すぐに現金を用意しないといけない。手元にいくらかの現金があればいいけども、そうじゃない場合に力を発揮するのがワンルームなんだ」

「なるほど！　ワンルームを売れば売却益が出るということですね！　その売却益を手付金（頭金）にして1棟を買うってことか！」

「その通り！　もちろんアパートも購入後もアフターケアしてくれる優良な業者から買うことが絶対条件だけどね！」

「モチのロンです！」

「最後に非常に大切なポイントがあって、先にワンルームを買ってからの1棟アパートの購入はできるけども、先に1棟アパートを買ってからのワンルームは購入できないから、順番は気をつけるようにね！　物事には大切な順序があるから、『後悔、先に立たず』にならないように！」

「最初にワンルーム、次に1棟アパートですね！」

「そういうこと！　あと、別の話だけども、自宅はいつでも買えるから、不動産投資が終わってから買うか、そもそも賃貸のほうが不動産投資には有利だよ！　どんどん家賃収入が入ってくるよ！」

「雅子が自宅を買いたがってるので、そうしますね！　手持ち資金がなくても、ワンルームがあれば現金を作れて、1棟アパートが買えるので、怖いものなしですね！　1棟アパートから毎月のお金が入ってきて、ゲヘヘヘヘ」

「『鬼に金棒』とは、まさにこれだね！　ワンルームと1棟アパートは最高のパートナーなんだ！」

「師匠！　1棟アパートからザクザクお金が入ってくるのが楽しみすぎて！　ゲへへへへ」

「鷹幸くん……、よだれが……よだれが……」

株式投資と投資信託とは？

「現金を運用する上で大切な、２つの投資商品を解説しよう！」

株式投資

- 自分で運用する
- うまくいけば、元本《がんぽん》（元手となるお金のこと）の数倍以上になる可能性がある
- 自らの采配によるため、収益獲得のモチベーションが高くなる

投資信託

・相対収益を狙う手法
・ファンドマネージャーにお任せできるため、手離れが良い
・成果目標としては、ベンチマークを上回ること

「投資資金に余裕があれば、数倍に増やせるかもしれない株式投資のほうが良さそうですね！」

「そうだね！　株式投資に自信と根拠があればね。でも、根拠のない自信だけで株式投資を行うと痛い目に遭うから、注意が必要だよ！　鷹幸くんがやってる『Ｓ＆Ｐ５００イン

デックスファンド』は放ったらかしでもよいから、痛い目に遭うこともなく、安心だね！」

「なるほどですね！！！！」

「『投資の神様』こと、ウォーレン・バフェットも遺言として『現金の90％をＳ＆Ｐ５００インデックスファンドに、残りの10％を政府短期債（米国債）で運用するように』と彼の妻に告げているのは有名だよね！」

比較項目	株	投資信託
投資手法	自分で行う	ファンドマネージャー（運用の専門家）に任せる
投資対象	1つ	多数
手数料	購入金額に応じて一定額	無料から3%程度
運用コスト	なし	あり
投資対象	株・債権・先物・オプションなど	株、債券、不動産など
レバレッジ	あり	なし（一部例外あり）
利益	売買益・配当金・優待	売買益・分配金
最低出資額	約数万円〜	100円〜

「判断が難しいときは、師匠に聞けですね！　それが一番確実ですね！」

S&P500インデックスファンドのおすすめ銘柄

- SBI・バンガード・S&P500インデックスファンド
  運用会社……SBIアセットマネジメント
  特徴……手数料が安い
- eMAXIS Slim米国株式(S&P500)
  運用会社……三菱UFJ国際投信
  特徴……純資産残高が多い

・iFreeレバレッジ S&P500
運用会社……大和アセットマネジメント
特徴……レバレッジが効く

保険にもS&P500インデックスファンドはある

・個人の条件により商品名が異なる
運用会社……様々
特徴……中には、Ｓ＆Ｐ５００インデックスファンドよりも高利回りなものもあり

第5章のまとめ

自動化の仕組みを作る

投資する順番が大切

第6章

さらなる高みへ

お金で人生は激変する

さて、第3章で挙げた私の嫌なことは、お金が増えたおかげでどうなったでしょうか？

●自分より無能な上司に指図されるのが嫌だ

⬇お金があるので転勤や降格が怖くなくなり、上司に意見を言うようになりました。その結果、上司の上の部長に気に入られて出世して、上司が私の部下になりました。今度は、コチラが指図する立場になったのです。

●上司と話すと、唾が飛ぶのが嫌だ

⬇唾が飛んでいることで、女子社員に嫌われていることを上司に指摘しました。今では口を手で押さえながら話しています。さらに、上司は、お昼休みに歯磨きまでするようになりました。

● **朝早く起きて、掃除機掛けをするのが嫌だ**

⬇お金があると、なぜだか雅子が積極的に家事をしてくれるようになりました。毎日、早起きして掃除機を掛けてくれています。

● **夕飯がスーパーの弁当は嫌だ**

⬇突発的な会社の飲み会が多く、家でご飯を食べるのかが読めないため、スーパーの弁当だったようです。家で食べる日と、外で食べる日を自分でコントロールできるので、雅子が作ってくれます。

● **自分より有能そうな後輩が入ってきて嫌だ**

⬇有能で仕事ができる後輩が入れば、私の仕事量が減るのでむしろ大歓迎。

● **ビールではなく、発泡酒なのが嫌だ**

⬇それまではストレスからか、酔うために量をたくさん飲んでいましたが、今では美味しい地ビールを数本飲んで満足という状態になりました。なかなか手に入らないワインや焼酎も嗜みます。

● **雅子に「お金がない！」と言われることが嫌だ**

⬇雅子は、結婚する前以上に私に優しく接してくれて、体調を気遣ってくれます。2日に1回は、娘の春子と一緒にマッサージをしてくれるようになりました。

● **通勤電車が混んでいて嫌だ**

⬇会社の近くの駐車場を借りることにして、車で通勤しています。車があれば、家族サービスのときもスムーズです。

● **髪の毛が薄いのが嫌だ**

⬇ストレスがなくなったのと、隔週で通ってるヘッドスパの効果なのか、薄いのが気にならなくなりました。かなり増えてきたので、パーマをかけちゃうか悩むほどです。なんとなく、以前よりも女性に好意を持たれるようになった気がします。

● **家に自分の部屋がないのは嫌だ**

⬇家族が温かく私に接するので、自分だけの部屋は必要なくなりました。娘の春子とも会話できますしね。

マスター大神と最初に想像していた未来よりも、さらに良い状態となったのです。一番びっくりしたのが、雅子と春子の私に対する態度です。
明らかに尊敬の眼差《まなざ》しです。

「春ちゃん！　このピアノ教室もお父さんのおかげでいけるんだからね！」
「わかってるよ。お父さんはカッコいいし、春子の夢を何でも叶えてくれるヒーローだよ！」

毎日のように称賛される日々は、居心地が最高です。

厚子と再接近！

お金を得るようになってから、昼食を激安弁当や菓子パンで済ませる生活が毎回1500円以上のちょっとお洒落《しゃれ》な外食に変わりました。

そんな私の変わりっぷりを見ていたのか、厚子が昼食に誘ってきたのです。

「加藤先輩、一緒にランチ行きませんか？　気になっているサラダバーのお店があるんです」

「いいよ、あそこのオーガニックのお店だね。ドレッシングが手作りで美味しいんだ。質の良いオリーブオイルを使っているから体にもいいよ」

「先輩、物知りですね。すごいです！」

モデルも愛読するという雑誌でも話題のオーガニックサラダを食べながら、厚子から仕事の相談を受けました。

お金が増えて、自分に自信をつけた私は、核心に迫りました。

「そういえば、最近は秋本さんとランチに行かないの？」

「はい……」

厚子は寂しそうな返事の後に、秋本との関係を私に暴露《ばくろ》してきました。

・秋本の子供が二人になったことで、「会える時間が少ない」と言われたこと
・そのように言っているにも関わらず、秋本が厚子には内緒で他の女子社員とラインをしていたこと
・にも関わらず、厚子には「奥さんと離婚するまでこの関係を続けよう！」と迫ってくる
・「別れたい」と言うと、鬱《うつ》になると言い始める

厚子から秋本の愚痴《ぐち》が止めどなく出てきます。

「加藤先輩、知ってますか？　私が会社の女子からなんて言われてるのか！」

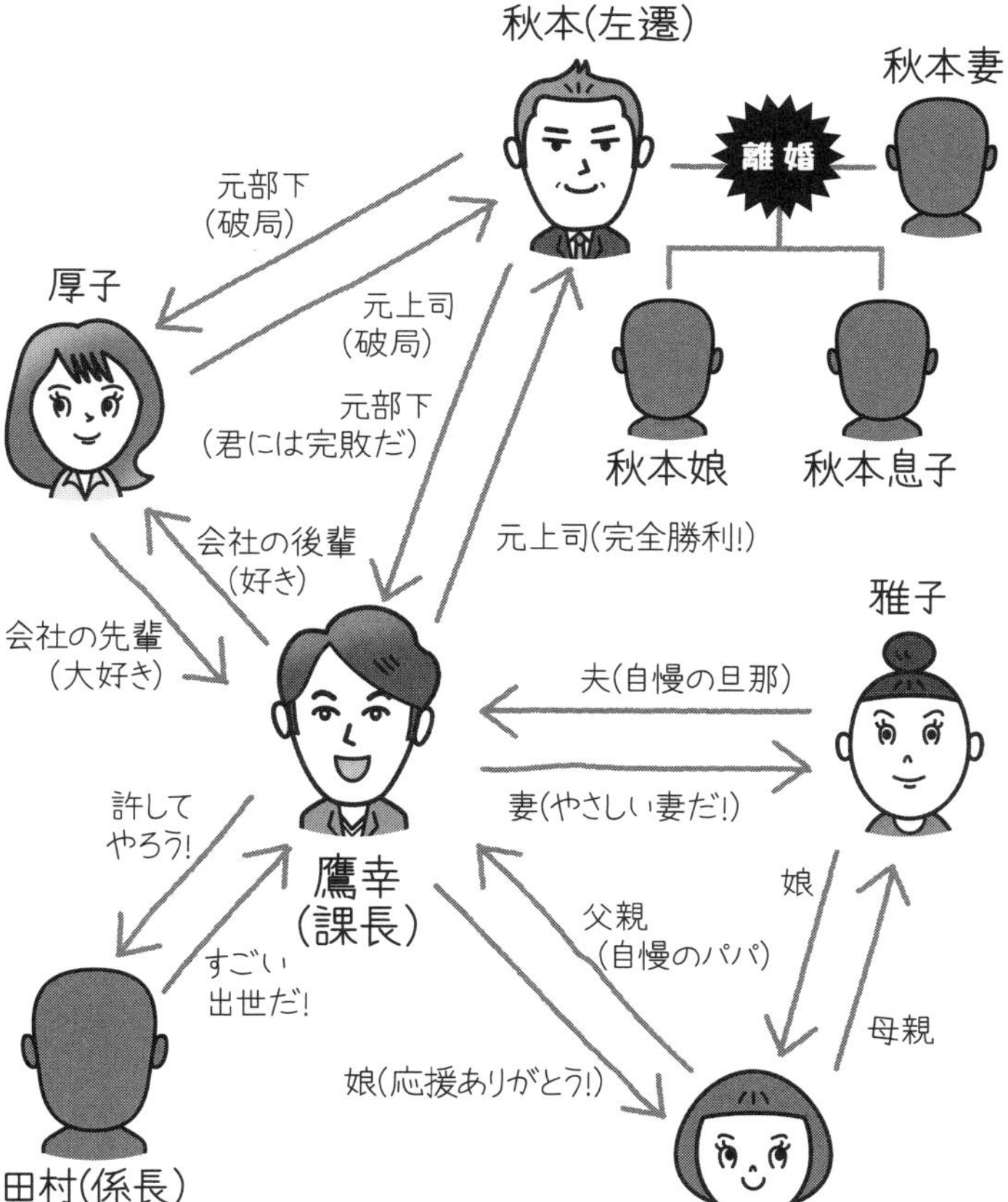
秋本(左遷)
秋本妻
離婚
秋本娘
秋本息子
元部下
(破局)
厚子
元上司
(破局)
元部下
(君には完敗だ)
会社の後輩
(好き)
元上司(完全勝利!)
雅子
会社の先輩
(大好き)
夫(自慢の旦那)
妻(やさしい妻だ!)
許して
やろう!
鷹幸
(課長)
娘
父親
(自慢のパパ)
すごい
出世だ!
母親
娘(応援ありがとう!)
田村(係長)
春子

※あくまでも鷹幸目線

「いや……女子社員とは、あまり関わらないからね」

「『100円女』って言われてるんですよ！」

厚子は、サラダにフォークを真上から刺して、恨みがこもったような声で言い捨てました。

秋本に好意を寄せるベテラン女子社員（推定50代）が『100円＋税』のコンビニのドリップコーヒーで引っ掛かったと吹聴《ふいちょう》しているのです。

私からすると、その『100円＋税』に破れたわけなんですが、会社の組織は一枚めくれば、妬《ねた》み嫉《そね》みの温床だなと痛感しました。

厚子の話を一通り聞いた後に、コンビニに寄ることにしました。

「よかったらカフェオレでも飲む？」

私は厚子に『180円＋税』のカフェオレをごちそうしました。

「ありがとうございます！」
「また、ランチに行こうな！！」

私はグッと親指を突き立てました。

厚子の顔をふと見ると、恋に落ちた女子の表情になっていました。その後、私と厚子がヨロシクな関係になったかどうかは、みなさんのご想像にお任せしたいと思います。

ちなみに秋本は、厚子と別れましたが、特に鬱になることもなく、その後は単身赴任でジャカルタに転勤となり、そこで若い現地の女の子に手を出したのが奥さんにバレて離婚、帰国後は地方営業所の窓際族《まどぎわぞく》になりました。

多くのものを求めた末路《まつろ》ですね。

その後の話

私は、2019年3月に会社を退職しました。毎月入ってくる54万円を全部使うことはなく、一部は再投資していたのです。おかげさまで、金融商品からは年間300万円ほどの売却益や配当が、不動産からは年間900万円ほどの家賃収入が入るようになりました。自動化の収益がトータルで年間1000万円を超えたのです。

金融商品に頼りっきりでは時代の変化に対応ができないと、マスター大神が言っていたことを忠実に守りながら、不動産を着実に増やしていきました。中には、年間利回り20％以上の物件や、年間利回り10％以上なのに、ほとんど元本保証の物件もありました（この利回りは、表面利回りではないのでご注意ください。単に数字上の利回りが高い物件ではなく、結果としての実質的な利回りです）。

『お金を生んでくれる装置』をどんどん手に入れることで、自動化はどんどん進み、盤石《ばんじゃく》な『動く歩道』が完成しました。不労所得の収入もどんどん増えていき、師匠であった大神くんと肩を並べるくらいとなったのです。

そして、この『動く歩道』の完成の後にサラリーマンを辞めました。自分の好きなことをして人生を謳歌《おうか》したいと思ったんです。すでに充実した家庭とプライベートです。お金があれば、残りの人生は我慢という文字とは無縁になります。

自由に意見も言えるし、権限もある役職になったとは言え、サラリーマンです。会社によって時間が拘束《こうそく》されるのは、当たり前のことです。

仕事は充実しているし、社内の評判もすこぶる良いので居心地は最高ですが、自分が成功すると、不思議と自分が成功した方法をどんどん他人に教えたくなったのです。

最初は「自分だけ成功したら、他人なんてどっちでもいいや……」って本気で思っていたのですが、自分自身が満たされてくると、周りの人や関係がない人でも幸せになってほしいと思うものなのですね。

マスター大神が言っていた、弟子入りのときの3つの条件、

①自分を師と崇めること

②師の教え以外は実践しないこと
③成功したら人に教えること

を確かに最初は守ろうとしていませんでした。しかし、マスター大神との約束だからではなく、心の底から人に教えたいと私自身が思ったのです。

人に教えるとなると、サラリーマンをしていたら時間が足りません。サラリーマンをしながら、電話やラインなどができればよいのですが、さすがに業務時間中にはできません（できる会社があれば教えてください！　サラリーマンのほうが不動産の融資は通りやすいので、そこだけは利用したいです（笑））。

苦渋の決断ではありましたが、「自分の気持ちに嘘をつかない人生を歩みたい」「我慢しないで、好きなことをする人生を送りたい」と思い、退職という決断に至りました。ありがたいことに、会社の同僚や友人に教えているうちに噂が噂を呼んで、この本の出版にまで至りました。自分でも驚くべき状況です。

現在は、日本全国（たまに海外在住の方もいます）の同志（私に連絡をくれた人は同志と呼んでいます）と『動く歩道』に乗りながら、人生を謳歌しています。人にこの手法を教えて、成功し、感謝されるときの感動は何ものにも代え難いです。

この感動をもっともっと味わいたいですし、私がきっかけで人生が変わった人がまた、感動を求めて他の人に教えていってほしい。この幸せの連鎖《れんさ》が起こっていけば、自分に嘘をつかずに生きていけます。

仕事でも家庭でも、私のように我慢することがない生き方になります。

そんな生き方をたくさんの人が実現できるようにするため、私はどんどんアウトプットしていきますので！

実は、最近、秋本さんにもこの手法を教えています。日本に帰国してから私に連絡があったのです。

「加藤が飛ぶ鳥を落とす勢いでブイブイ言わせてると聞いたんだ」
「地方にいても『加藤が変わった』と、噂が入ってくるよ！」
「俺には、もう会社での先はない。俺にできることがあれば教えてくれないか？」

厚子を巡ってライバル関係にもなった相手なので悩みましたが、一度は一緒に働いた仲間です。これも縁だと思い、『動く歩道』を教えました。

現在の秋本さんがどうなっているのかと言うと、

- **窓際族にも関わらず、腕時計はロレックス**
- **フレックスタイムを使って早退から昼寝**
- **他の部署の若い女性社員と恋人関係進行中**

というさらにパワーアップした生活をしています。

「鷹幸くんのおかげで44歳から一花咲《ひとはな》かせそうだよ。本当にありがとう!」

秋本さんから感謝の言葉をもらえるとは、昔なら絶対に思えなかったです。

「お互いに過去は水に流して、幸せに生きよう!」

秋本さんはトレンディー俳優のようにさわやかでした。お金ができると、人の性格も変わるものですね。私もそうでしたし。

今では、

・自称パーリーゲイツの安倍ちゃん
・使えないと思っていた田村《たむら》係長
・生意気な後輩の山田《やまだ》くん
・連絡先を聞いたら軽くスルーされたコンビニ店員の孫《そん》さん
・ラインしても返ってこないアイドルの卵の凛ちゃん

という私の周りにいた人たちに感謝しかありません。

そして、高校の同級生である大神くん！　私を成長させてくれました。ありがとう！

みなさんに少しでも恩返しできるように『Give《ギブ》&Give《ギブ》』の精神で私は生きていきます。

さらに、その後の話（2023年現在の鷹幸）

私が初めて書籍を書いていたときは、2019年の10月頃でした。そのときには、「円安&インフレ」の社会になるとはほとんどの人は想像していなかったでしょう。

コロナから落ち着いてきたと思ったら、東ヨーロッパでの紛争に端を発した急激な「円安&インフレ」が家庭に大きなダメージを与えました。とかくいう私ですが、そもそも外貨での運用や現物資産である不動産をメインとしていたため、資産はむしろ増えていきました。

● S&P500インデックスファンド、投資信託

➡株価上昇で過去最高値、円安効果もあり

●不動産投資
⬇インフレで家賃も物件価格もＵＰ！
●株式投資
⬇大当たり

不動産は、退去者が出るたびに家賃を上げることに成功しました。インフレ効果で都心部の家賃は上昇しています。コロナ禍でも継続して投資物件を増やしてよかったです。

円安の力で、海外の方に不動産を売却することにも成功しました。海外の方からすると、日本の不動産は3～5割安で買えるので、海外の方とのルートを持っている不動産業者に売却をお願いしたところ、相場よりも高く売却できたのです。

そんな安定的な不動産投資をしているからこそ、アグレッシブに株や仮想通貨《かそうつうか》（ビットコインなどのインターネット上でやり取りされる資産）に投資ができました。

株は、日経平均がバブル以降、最高値となったことも追い風です。

『動く歩道』は勝手に動いてくれるので、寝ているだけでお金は増えるどころか、勝手に加速して増えてくれるので、「最&高」です。

一度増えたお金をさらに増やすことは、それほど難しいことではありません。

もちろん、増えたお金は、不動産購入の資金にしました。安定の不動産が増えれば増えるだけ、よりアグレッシブに投資できますからね。

インフレに強い不動産は、これからもどんどん増やしていきます。

この後の数年間は、株の相場は大きく動くことが予想できるので、今後のお金の増え方が楽しみで仕方ありません。

大神師匠の解説

お金に好かれる人が心がけていること

「毎日サイコー！　毎晩がパーリーだぁ！　イヤホイイヤホイ！　お金は勝手に入ってくるからガンガン使っちゃえ！」

「そうだ！　使っちゃえ！　イヤホイイヤホイ！」

「あぁ〜。これだと数年後には無一文《むいちもん》だな……」

「師匠！　お金がないです……」

「ほらね、言わんこっちゃない。お金に感謝できない人は、そうなっちゃうよ！　宝くじ当選者の悲惨《ひさん》な末路を前に話したよね？」

「同情するなら金をくれ！ですよ……」

「自業自得《じごうじとく》！　師匠の言うことを聞かないからだよ！！」

「……ってのは冗談で、お金に嫌われる前にお金に好かれる習慣を身に着けましょう！」

「僕の言うセリフを奪わないでよ（笑）」

お金持ちが実践しているお金に好かれる6つの習慣

①お金をポジティブなイメージに変える

「お金がないから○○できない」ではなく、「お金があれば○○できる」にイメージを変えましょう！　お金はポジティブな考えの人に寄ってきます。

あなたはネガティブ思考の人と、明るくて太陽のようなポジティブ思考の人だとどちらと仲良くなりたいですか？

答えは、簡単ですね。

②お金に「いってらっしゃい」「お帰り」と声をかける

お財布から現金やクレジットカードを取りだすときには「いってらっしゃい！」、財布にしまうときには「お帰りなさい！」と心でつぶやきます。

声に出すと、効果はさらに上がります！　お金がまたここに戻ってきたいと思えるような心を持つことが大切です。

家に帰ってきて、家族の誰からも声をかけられないのは寂しいですよね。お金はあなたよりも寂しがり屋で集団行動を好みます。お金にとって帰りたくなる、そして友人を招きたくなる環境を作りましょう。

③お財布にこだわる

お金は、居心地が良い財布を好みます。

散らかって汚い部屋に、長居はしたくないですよね。汚く清掃されていないホテルだったら、クレームになりますよね？

毎日帰りたくなる、お金が居心地の良さを感じるようなお財布を持つようにしましょう。

財布の価格は、高ければ良いわけではありません。高級ホテルのような整理整頓された財布を目指しましょう。

目指せ、財布の中身がリッツカールトン！

④お金の失敗も前向きに捉える

お金は、寂しがり屋でセンチメンタルでちょっとお調子者です。調子に乗って、時には失敗することもあります。

ですが、そのようなときにも、必要以上に引きずることはせずに次に活かすように気持ちを切り替えます。

「失敗の経験も自分の財産」と前向きに捉えましょう。

デートで女性にごちそうしても進展しなかった場合に、多くの人はもったいなかったと思うでしょう。しかし、その失敗を前向きに捉えて、夕食をごちそうするのではなく、「最初はお茶で様子を見よう」と対策を立てるのです。

対策さえしていれば、もし同じ場面に遭遇した際にも、きちんと確認をして無駄にお金を使うことを回避できます。

⑤「価格」ではなく、「価値」で考える

「安い」という理由でお金を使うことは、後悔のもとです。価格だけで判断するのではなく、自分にどんな価値をもたらしているかで考えましょう。

また、値切ることも「切る」と書くように、縁起《えんぎ》が悪い行動です。すぐに友だちとの縁を自己都合で切るような人は信用できないので、信を置けないですよね？　お金はセンチメンタルなので、値切るような人を信用しません。

お金に信用されるためにも、価格ではなく物事の価値を見極めましょう。

⑥自分だけ得しようとしない

自分だけ得しようとする人には、お金は寄ってきません。自分だけのためにお金を利用しようとして、奴隷《どれい》化されるのがわかっているからです。

逆に、近江《おうみ》商人の「三方良し《さんぽうよし》」（商売において売り手と買い手が満足するのは当然のこと、社会に貢献できてこそ良い商売といえる）の考えを実践している人の懐に、お金は寄ってきます。

「金は天下の回りもの」ということわざの通り、一ヵ所にばかり留まっているものではなく、世間を回って動くからです。

一人勝ちではなく、みんながちょっとずつ得をする回る仕組みを作っている人のことがお金は大好きなのです。

第６章のまとめ

お金に好かれる習慣を
身につける

お金がお金を呼ぶので
あっという間にお金が
増える

巻末資料

鷹幸の『動く歩道』公開！

私が保有している物件の一部を公開します。

※詳細にご興味のある方は、私のブログをご覧ください。

①アパート

・所在地……横浜市中区
・物件価格…3350万円
・利回り……13%
・築年………2008年

鷹幸のブログの QR コード

②アパート
・所在地……埼玉県川口市
・物件価格…3800万円
・利回り……20%
・築年………2005年

③ワンルームマンション
・所在地……愛知県名古屋市
・物件価格…1400万円
・利回り……5・4%
・築年………2015年

④軽量鉄骨アパート
・所在地……東京都足立区
・物件価格…1億5900万円
・利回り……6・6%
・築年………2020年

⑤ワンルームマンション
・所在地……東京都練馬区
・物件価格…1250万円
・利回り……6.1%
・築年……1991年

⑥ワンルームマンション（1DK）
・所在地……栃木県宇都宮市
・物件価格……560万円
・利回り……7.9%
・築年……1988年

鷹幸から教えをもらって『動く歩道』を手に入れた仲間の紹介

◆事例1　鷹幸の会社員時代の先輩のK氏

自己紹介

41歳。会社員。年収670万円。中堅クラスの私大卒業。既婚。子供一人。趣味はゴルフとお酒を飲むこと。

所有する資産は、ワンルーム4戸、アパート2棟、1棟RC1棟、金融商品2000万円。『動く歩道』から得られる年収1010万円。投資総額約2・7億円。

鷹幸師匠と出会うまでの自分は？

毎日、家族のためと思って仕事をしていました。好きなゴルフの雑誌は、電車のホームで拾ったり、書店の立ち読みで我慢する日々でした。自分の夢や好きなことも普段の生活に埋もれてしまい、麻痺《まひ》していてわからなくなっていましたね。

会社の周りの人たちを見ていても自分と同じような境遇の人が多いので、「このままでいいんだ」と自分に言い聞かせていました。たまの休みに、ゴルフの打ちっぱなしに行くのが唯一の楽しみでした。

弟子入りまでの経緯は？

鷹幸は、会社の後輩です。本当は師匠と呼ばないといけないのは重々承知していますが、普段から呼び慣れている名前で呼ばせてください。心の中では尊敬しかしていません。

2015年頃から会社の中で、明らかに鷹幸が目立っていました。2014年までは、目立たずに大人しかった鷹幸がですよ。上司が間違っていると噛みつきますし、歯に衣《きぬ》着せぬ発言で、部長や他部署の偉い人たちから目をかけられ始めたのです。

とは言え、直属の上司にガツガツ言うので、近くにいた私はいつも冷や汗モノでした。なんでそんなにガツガツ意見を言えるのかが気になって呑みに誘ったんです。そうしたら「自由に使えるお金が増えたから、意見を言えるようになった」と言われました。

最初は「お金が増える」の意味がわからなかったのですが、話を聞いているうちに、自分の中でこみ上げてくるものがあったんです。

2日間じっくりと考えて、鷹幸に弟子入り志願をしました。

お金が増えてどのように変わったのか?

正直に言って、毎日が楽しくて楽しくて仕方がありません。会社では出世は諦めて、エリア総合職という転勤がない形態に変えました。これによって、好きなゴルフに集中できます。スコアは80を切るまでになりました。最近では「レッスンプロになろうかな」とひそかに思っています。

降格も転勤も怖くないので、有給休暇はフル消化です。この有給分を使ってなにかできないかなと思ったのがレッスンプロです。

私の経験を、いろいろな人に、大好きなゴルフを通じながら教えることができたらと考えています。

読者へメッセージ

実は、この本を出版社に持ち込んだのは、私なんです。鷹幸のノウハウやマインドはもっと世間に広めるべきだと考えていました。私の会社の中では、鷹幸に救われた人が両手で収まらないほどいたからです。

この本を読まれた方は、すぐに実践すべきです。著者でもない私が言うのもなんですが、あなたの成功を保証します。

私の会社で失敗した人は、一人もいませんからね。私をはじめ、変わった人全員が大成功の生活を送っています。

この本を読んだあなたは、ラッキーですよ。お金を増やして、私と一緒に人混みを気にせずに、大自然でゴルフを楽しみましょう。

◆事例2　鷹幸の元上司の秋本氏

自己紹介

本編にかなり登場していたので、紹介は不要かもしれません（笑）。48歳。会社員。独身（バツ1）。年収1000万円。都内の有名私大卒。趣味は恋愛。

所有する資産は、ワンルーム6戸、アパート2棟、金融商品○○万円。『動く歩道』から得られる年収○○○万円。投資総額○．7億円（○が多い理由は、お察しください。正確な金額が発覚すると、元嫁がせびってくるのです）。普通に一人暮らしの男性なら、彼女5人くらいと恋愛を楽しめる金額です。

鷹幸師匠と出会うまでの自分は？

本編を見てください！　既婚者でしたが、会社という格好の狩場で狩猟をしていました。男はみんな、羊の皮をかぶった狼ですからね。何より不倫している男性というのは、社内では羨望《せんぼう》の眼差しで見られます。

私は少なからず管理職にもついていましたし、威厳が彼女の存在によって、さらに醸し出されていました。当時の年収は１０００万円を少し超えるくらい、正直に言ってそれなりに良い生活を送っていたのです。

弟子入りまでの経緯は？

ご存知の通り、鷹幸くんに完敗し、その後に離婚と降格という事態に陥《おちい》りました。サラリーマンは、いとも簡単に出世という階段から転げ落ちるのだということを思い知らされました。

降格は、離婚が問題ではなく、私を可愛がっていた役員の経費の私的流用が発覚して退職となったからです。自家用車のガソリン代、家族での食事代を経費として計上していました。その役員の一味ということで降格となりました。

確かに私も一部、女性とのデートの食事代を経費として計上していたので仕方がないことなのですが……。

そんなどん底の中で、鷹幸くんが私以上に社内で輝いて、羨望の的《まと》となっていたのです。しかも、経費流用ではなく、金回りが良いように感じました。

そこで頭《こうべ》を垂《た》れて教えを乞いました。このままの負け犬人生は嫌だったんです。負けるくらいなら頭を下げます。頭を下げるのは無料ですからね。

元々、最年少で課長になった私ですから、鷹幸くんからノウハウを学べば、あっという間に追い抜けると思ったのも事実ですね。

お金が増えてどのように変わったのか?

まずノウハウよりもマインドが大切だと思いました。せこい考えで弟子入りした私ですが、鷹幸くんと真剣に接するうちに、コイツには勝てないなと思ったのです。

彼は、邪《よこし》な考えの私とは違って、赤の他人である、さらに言えばかつての恋敵(ライバル)である私に本気で幸せになってほしいと思っていたからです。自分が小さく見えて恥ずかしくなりました。この考え方では彼を追い抜くどころか、追いつくこともできないと思ったのです。

彼の行動や考え方を真似ながら、彼にノウハウの教えを聞いているうちに、みるみるお金が増えていきました。

離婚時は、インドネシアの統括《とうかつ》をしていたこともあり、養育費がかなり高額で、その後に降格となったため、生活費が苦しい状態でした。お金がないので、女性と恋愛することもできずに毎日、悶々《もんもん》とした日々だったのです。

それが一気に、楽園のような日々に変わりました。『動く歩道』から得たお金は、女性と遊ぶときも必要経費と認められるので、ドンドン使ってもいいんです。経費流用みたいな悪用ではなく、正しい利用なのです。むしろ使わないと養育費が増えるだけなんで、使っちゃいます。

現在は、彼女とも楽しくしていますし、他部署の女子社員を狙っています。さらに、会社での出世も返り咲きに成功しました。

上司に合コンや食事を（『動く歩道』から得られるお金で）ごちそうしていたら、次の人事で管理職にとお声がかかったのです。年収も以前とほぼ同じで、仕事は楽になりました。最近はテレワークも増えたので、私を止められる人間は誰もいません（笑）。

読者へメッセージ

私の人生は、お金に救われた人生です。

お金がなければ、今のポジションも、女性陣との華々しい生活もありえません。たかがお金ですが、かつての私のようにそのお金を見ずに生活しているのであれば、即刻見直してほしいです。

会社は、あなたのことを守ってはくれません。ほんの些細《ささい》なことで、降格やクビもありえます。自分を守れるのは、お金だけです。お金があれば、どうにかなります。

夢があるのであれば、夢に向かって、ないのであれば夢を考えましょう。

お金があれば、実現します。

◆事例３　鷹幸の兄の嫁の従兄弟の高橋さん

自己紹介

36歳。介護関係。既婚（子供４人）。年収４２０万。趣味は子供と遊ぶこと。所有する資産は、ワンルーム２戸、金融商品１０００万円。『動く歩道』から得られる年収３００万円。投資総額５０００万円。

鷹幸師匠と出会うまでの自分は？

介護関係の仕事は、かなりブラックです。残業代もロクに払われず、ボーナスも雀《すずめ》の涙程度。高校卒業からこの業界で働いていますが、給与はそろそろ限界が見えてきていました。

かといって独立して介護事業を行う勇気もお金もないですし、毎日の仕事が苦痛だったんです。妻もパートには行っていますが、子供が４人いる状況なので、保育園代を考えるとプラスはほとんどありません。手に職もないですし、学歴もないため転職にも二の足を踏んでいました。

弟子入りまでの経緯は?

従姉妹《いとこ》の旦那が鷹幸さんのお兄さんにあたるのですが、僕の嫁が従姉妹と会うと、いつも鷹幸さんの話で盛り上がっていたようなのです。

僕は遠い親戚なので、鷹幸さんとは面識はありませんでしたが、話によると投資で成功してかなり羽振《はぶ》りがよく、鷹幸さんのお兄さんも実践したら、みるみるうちに成功したと聞いたのです。

最初は半信半疑だった嫁が、羽振りの良くなる従姉妹を見ているうちに興味を持ち出したのがきっかけです。その後、鷹幸さんを紹介していただき、夫婦二人で弟子入りしました。

お金が増えてどのように変わったのか?

気持ちにゆとりができたのか、夫婦関係や子供との関係性が良くなりました。4人の子宝にも恵まれましたしね。

以前は、常にお金がなくて節約や我慢ばかりの毎日で、子供にも小さいときから「うちには、大学に行かせるお金はないから」と言い聞かせていました。鷹幸さんのようにたくさんのお金が湧いてくるわけではないですが、今の僕たちからしたら十分の生活です。

今後は、子供の学費を貯めるためにも不動産を買い増していき、ゆくゆくは1棟アパートにもチャレンジしていきたいと思っています。

読者へメッセージ

嫁のお金についての感度が高かったために、僕は鷹幸さんと出会うことができました。感度が低かったらと思うと、ゾッとしますね。

鷹幸さんの本をすでに手に取られている方であれば、十分感度が高いので、すぐに自分だけの『動く歩道』が手に入ると思います。

◆事例4　鷹幸が通うフィットネスジムのトレーナーの山崎さん

自己紹介

34歳。ジムトレーナー。独身。年収８００万。趣味は、彼女と一緒に筋力トレーニングをすること。

所有する資産は、ワンルーム３戸、一戸建て１戸、金融商品８００万円。『動く歩道』から得られる年収３２０万円。投資総額６０００万円。

鷹幸師匠と出会うまでの自分は？

彼女なし、お金なし、時間なしの人生でした。

業界では最大手のフィットネスジムのトレーナーをしていましたが、シフト制のため、まとまった休みが取れません。

夜間の仕事も多いため、友人とコンパや遊びに行くこともできませんでした。実家暮らしなので、給与が入るとすぐにパチンコに行っては無一文という生活が続いていました。

休みが少ない分、どこかでストレスを発散したかったんですね。

弟子入りまでの経緯は?

師匠は、うちのジムの会員だったんです。パーソナルトレーニングとプールに通っていました。てっきりどこかの社長かと思っていたのですが、自分と同じサラリーマンと聞いたときは、筋肉がびっくりしてピクピクンしました。

とはいっても、自分とは違って高年収のサラリーマンかと思いきや、年収もさほど変わらないことに、これまた筋肉がびっくりしてピクピクンを超えて痙攣《けいれん》しました。

師匠のことが気になって、プールのトレーニングのときも覗《のぞ》き見していたんです。

すると、うちのジムで一番人気の女性インストラクターと親密そうに話をしているではありませんか。

「この人は、只者《ただもの》ではない」と思って、素直にこの人とプライベートの話がしたいと思って声をかけたのがきっかけです。

お金が増えてどのように変わったのか？

彼女あり、お金あり、時間ありの人生に変わりました。

師匠に「ロードマップ」というものを作ってもらい、師匠の言う通りに実践していったら、どんどんお金が増えていきました。師匠と話すほうがギャンブルをするよりも圧倒的に刺激的で、ストレスもなくなったんです。

すると浪費していたお金が貯まるようになりました。

お金が貯まるとなぜか自信が出てきて、元々気になってた前職の受付の子にアタックできました。見事アタックは成功し、今では彼女と一緒に筋トレすることが楽しみになっています。

そして、2020年に念願の独立を果たしました。当時はコロナ禍の影響で、ジムは苦境を迎えていましたが、オンラインが流行すると予測して、いち早くZOOM《ズーム》でのパーソナルトレーニングを始めました。お客様の動きを録画して、次回のレッスンのときに動画を共有しながら補正していく手法が人気を呼び、現在ではジムの経営も順調です。

収入も上がりましたし、彼女と結婚も考えられるようになりました。

読者へメッセージ

昔の自分みたいに、「なんとなく、今を生きている人」は多いと思います。ハッキリ言います。もったいないです。

人生って、一度しかないんです。もっともっと楽しく過ごさないと損します。

今は毎日が楽しくて仕方ありません。

マッスルして、ハッスルしてマックスな人生にしましょう！

おわりに

最後まで読んでいただき、ありがとうございました！　私の物語はまだまだ続きますが、一度ここで筆を置きたいと思います。

本書の制作にあたって、私の噂を聞きつけて声を掛けてくれた出版社の方々、そっくりなのにキュートなイラストを描いてくださったリーカオさん、素敵なカバーをデザインしていただいたランドリーグラフィックスさん、私を超えて成功しているにもかかわらず掲載に協力してくれた仲間たち、私の噂を流してくれたサラリーマン時代の会社の同僚や後輩たち、そしていつも私を支えてくれている妻、愛してやまない娘に感謝の意を込めて。

あなたの物語は、ここから始まります。

大丈夫！

信じれば、勝手に人生は良くなります！

ラブ＆ピース。

あなたの人生が愛で溢れて幸福であり続けますように。

加藤鷹幸

ＰＳ：巻末に、本書を購入してくれた方限定で特別なプレゼントがあります。ぜひ受け取ってください。

著者プロフィール

加藤 鷹幸（かとう たかゆき）

脱サラ自由人

1986年生まれ。中堅私立大学卒業後に電子機器メーカーに就職。思い描いていた社会人生活と現実のギャップに思い悩んだ結果、「お金」の大切さに気づく。「お金」が満たされると仕事も充実し、社内では将来の最年少役員候補と言われるようになる。人のために役に立つことの楽しさ、感謝されることへの充足感から会社からは惜しまれつつも2019年に独立。現在は、自身が成功した手法を多くの人に伝えるべく精力的に活動。「お金」のために我慢する人たちを一人でも多く救うことがモットー。座右の銘は「自動化」。

保有資格：FP2級、宅建士

公式ブログ：https://kato-takayuki.com/
公式ライン：@katotakayuki
メールアドレス：contact@kato-takayuki.com

● カバー、本文イラスト/リーカオ
● カバーデザイン/ランドリーグラフィックス

本書ご購入者

限定特典

■オリジナルロードマップ

加藤鷹幸があなたオリジナルの資産形成＆不労所得
ロードマップを作成し、無料提供いたします。

■優良投資先を一挙公開！

加藤鷹幸が実際に行っている厳選された優良の
投資先を実名と投資額と合わせてすべて公開します。

■加藤鷹幸限定企画のお知らせ

限定勉強会、座談会、投資先ツアーなど。

■LINE通話無料相談（毎月限定8名）

加藤鷹幸があなたの状況に合わせたアドバイスを
行います（30分）。

こちらのQRコードからご登録後、

「特典希望」

と書いて送信！

QRコードが読めない場合
ID「@katotakayuki」で検索

サラリーマンは寝《ね》ながら“もっともっと”お金《かね》を増《ふ》やしなさい!!

発行日　2023年 10月 10日　第1版第1刷

著　者　加藤《かとう》　鷹幸《たかゆき》

発行者　斉藤　和邦
発行所　株式会社　秀和システム
〒135-0016
東京都江東区東陽2-4-2　新宮ビル2F
Tel 03-6264-3105（販売）Fax 03-6264-3094
印刷所　日経印刷株式会社

ISBN978-4-7980-7094-0 C0034